心一堂術數古籍珍本叢刊

書名：宅運撮要
系列：心一堂術數古籍珍本叢刊　堪輿類　無常派玄空珍秘　第二輯　173
作者：【民國】尤惜陰（演本法師）、榮柏雲撰
主編、責任編輯：陳劍聰
心一堂術數古籍珍本叢刊編校小組：陳劍聰　素聞　梁松盛　鄒偉才　虛白盧主

出版：心一堂有限公司
通訊地址：香港九龍旺角彌敦道六一〇號荷李活商業中心十八樓〇五—〇六室
深港讀者服務中心・中國深圳市羅湖區立新路六號羅湖商業大廈負一層〇〇八室
電話號碼：(852)67150840
網址：publish.sunyata.cc
電郵：sunyatabook@gmail.com
網店：http://book.sunyata.cc
淘寶店地址：https://shop210782774.taobao.com
微店地址：https://weidian.com/s/1212826297
臉書：https://www.facebook.com/sunyatabook
讀者論壇：http://bbs.sunyata.cc/

版次：二零一六年十一月初版
平裝

定價：港幣　九十八元正
　　　人民幣　九十八元正
　　　新台幣　四百二十八元正

國際書號：ISBN 978-988-8317-41-7

香港發行：香港聯合書刊物流有限公司
地址：香港新界大埔汀麗路36號中華商務印刷大廈3樓
電話號碼：(852)2150-2100
傳真號碼：(852)2407-3062
電郵：info@suplogistics.com.hk

台灣發行：秀威資訊科技股份有限公司
地址：台灣台北市內湖區瑞光路七十六巷六十五號一樓
電話號碼：+886-2-2796-3638
傳真號碼：+886-2-2796-1377
網絡書店：www.bodbooks.com.tw
台灣國家書店讀者服務中心：
地址：台灣台北市中山區松江路二〇九號一樓
電話號碼：+886-2-2518-0207
傳真號碼：+886-2-2518-0778
網絡書店：http://www.govbooks.com.tw

中國大陸發行　零售：深圳心一堂文化傳播有限公司
深圳地址：深圳市羅湖區立新路六號羅湖商業大廈負一層〇〇八室
電話號碼：(86)0755-82224934

心一堂微店二維碼

心一堂淘寶店二維碼

心一堂術數古籍 珍本 整理 叢刊 總序

術數定義

術數，大概可謂以「推算（推演）、預測人（個人、群體、國家等）、事、物、自然現象、時間、空間方位等規律及氣數，並或通過種種『方術』，從而達致趨吉避凶或某種特定目的」之知識體系和方法。

術數類別

我國術數的內容類別，歷代不盡相同，例如《漢書・藝文志》中載，漢代術數有六類：天文、曆譜、五行、蓍龜、雜占、形法。至清代《四庫全書》，術數類則有：數學、占候、相宅相墓、占卜、命書、相書、陰陽五行、雜技術等，其他如《後漢書・方術部》、《藝文類聚・方術部》、《太平御覽・方術部》等，對於術數的分類，皆有差異。古代多把天文、曆譜、及部分數學均歸入術數類，而民間流行亦視傳統醫學作為術數的一環；此外，有些術數與宗教中的方術亦往往難以分開。現代民間則常將各種術數歸納為五大類別：命、卜、相、醫、山，通稱「五術」。

本叢刊在《四庫全書》的分類基礎上，將術數分為九大類別：占筮、星命、相術、堪輿、選擇、三式、讖諱、理數（陰陽五行）、雜術（其他）。而未收天文、曆譜、算術、宗教方術、醫學。

術數思想與發展——從術到學，乃至合道

我國術數是由上古的占星、卜筮、形法等術發展下來的。其中卜筮之術，是歷經夏商周三代而通過「龜卜、蓍筮」得出卜（筮）辭的一種預測（吉凶成敗）術，之後歸納並結集成書，此即現傳之《易

經》。經過春秋戰國至秦漢之際，受到當時諸子百家的影響、儒家的推崇，遂有《易傳》等的出現，原本是卜筮術書的《易經》，被提升及解讀成有包涵「天地之道（理）」之學。因此，《易・繫辭傳》曰：「易與天地準，故能彌綸天地之道。」

漢代以後，易學中的陰陽學說，與五行、九宮、干支、氣運、災變、律曆、卦氣、讖緯、天人感應說等相結合，形成易學中象數系統。而其他原與《易經》本來沒有關係的術數，如占星、形法、選擇，亦漸漸以易理（象數學說）為依歸。《四庫全書・易類小序》云：「術數之興，多在秦漢以後。要其旨，不出乎陰陽五行，生尅制化。實皆《易》之支派，傳以雜說耳。」至此，術數可謂已由「術」發展成「學」。

及至宋代，術數理論與理學中的河圖洛書、太極圖、邵雍先天之學及皇極經世等學說給合，通過術數以演繹理學中「天地中有一太極，萬物中各有一太極」（《朱子語類》）的思想。術數理論不單已發展至十分成熟，而且也從其學理中衍生一些新的方法或理論，如《梅花易數》、《河洛理數》等。

在傳統上，術數功能往往不止於僅僅作為趨吉避凶的方術，及「能彌綸天地之道」的學問，亦有其「修心養性」的功能，「與道合一」（修道）的內涵。《素問・上古天真論》：「上古之人，其知道者，法於陰陽，和於術數。」數之意義，不單是外在的算數、歷數、氣數，而是與理學中同等的「道」、「理」--心性的功能，北宋理氣家邵雍對此多有發揮：「聖人之心，是亦數也」、「萬化萬事生乎心」、「心為太極」。《觀物外篇》：「先天之學，心法也。……蓋天地萬物之理，盡在其中矣，心一而不分，則能應萬物。」反過來說，宋代的術數理論，受到當時理學、佛道及宋易影響，認為心性本質上是等同天地之太極。天地萬物氣數規律，能通過內觀自心而有所感知，即是內心也已具備有術數的推演及預測、感知能力；相傳是邵雍所創之《梅花易數》，便是在這樣的背景下誕生。

《易・文言傳》已有「積善之家，必有餘慶；積不善之家，必有餘殃」之說，至漢代流行的災變說及讖緯說，我國數千年來都認為天災，異常天象（自然現象），皆與一國或一地的施政者失德有關；下至家族、個人之盛衰，也都與一族一人之德行修養有關。因此，我國術數中除了吉凶盛衰理數之外，人心的德行修養，也是趨吉避凶的一個關鍵因素。

術數與宗教、修道

在這種思想之下，我國術數不單只是附屬於巫術或宗教行為的方術，又往往是一種宗教的修煉手段--通過術數，以知陰陽，乃至合陰陽（道）。「其知道者，法於陰陽，和於術數。」例如，「奇門遁甲」術中，即分為「術奇門」與「法奇門」兩大類。「法奇門」中有大量道教中符籙、手印、存想、內煉的內容，是道教內丹外法的一種重要外法修煉體系。甚至在雷法一系的修煉上，亦大量應用了術數內容。此外，相術、堪輿術中也有修煉望氣（氣的形狀、顏色）的方法；堪輿家除了選擇陰陽宅之吉凶外，也有道教中選擇適合修道環境（法、財、侶、地中的地）的方法，以至通過堪輿術觀察天地山川陰陽之氣，亦成為領悟陰陽金丹大道的一途。

易學體系以外的術數與的少數民族的術數

我國術數中，也有不用或不全用易理作為其理論依據的，如揚雄的《太玄》、司馬光的《潛虛》。也有一些占卜法、雜術不屬於《易經》系統，不過對後世影響較少而已。

外來宗教及少數民族中也有不少雖受漢文化影響（如陰陽、五行、二十八宿等學說。）但仍自成系統的術數，如古代的西夏、突厥、吐魯番等占卜及星占術，藏族中有多種藏傳佛教占卜術、苯教占卜術、擇吉術、推命術、相術等；北方少數民族有薩滿教占卜術；不少少數民族如水族、白族、布朗族、佤族、彝族、苗族等，皆有占雞（卦）草卜、雞蛋卜等術，納西族的占星術、占卜術，彝族畢摩的推命術、占卜術……等等，都是屬於《易經》體系以外的術數。相對上，外國傳入的術數以及其理論，對我國術數影響更大。

曆法、推步術與外來術數的影響

我國的術數與曆法的關係非常緊密。早期的術數中，很多是利用星宿或星宿組合的位置（如某星在某州或某宮某度）付予某種吉凶意義，并據之以推演，例如歲星（木星）、月將（某月太陽所躔之宮次）等。不過，由於不同的古代曆法推步的誤差及歲差的問題，若干年後，其術數所用之星辰的位置，已與真實星辰的位置不一樣了；此如歲星（木星），早期的曆法及術數以十二年為一周期（以應地支），與木星真實周期十一點八六年，每幾十年便錯一宮。後來術家又設一「太歲」的假想星體來解決，是歲星運行的相反，週期亦剛好是十二年。而術數中的神煞，很多即是根據太歲的位置而定。又如六壬術中的「月將」，原是立春節氣後太陽躔娵訾之次而稱作「登明亥將」，至宋代，因歲差的關係，要到雨水節氣後太陽才躔娵訾之次，當時沈括提出了修正，但明清時六壬術中「月將」仍然沿用宋代沈括修正的起法沒有再修正。

由於以真實星象周期的推步術是非常繁複，而且古代星象推步術本身亦有不少誤差，大多數術數除依曆書保留了太陽（節氣）、太陰（月相）的簡單宮次計算外，漸漸形成根據干支、日月等的各自起例，以起出其他具有不同含義的眾多假想星象及神煞系統。唐宋以後，我國絕大部分術數都主要沿用這一系統，也出現了不少完全脫離真實星象的術數，如《子平術》、《紫微斗數》、《鐵版神數》等。後來就連一些利用真實星辰位置的術數，如《七政四餘術》及選擇法中的《天星選擇》，也已與假想星象及神煞混合而使用了。

隨着古代外國曆（推步）、術數的傳入，如唐代傳入的印度曆法及術數，元代傳入的回回曆等，其中我國占星術便吸收了印度占星術中羅睺星、計都星等而形成四餘星，又通過阿拉伯占星術而吸收了其中來自希臘、巴比倫占星術的黃道十二宮、四大（四元素）學說（地、水、火、風），並與我國傳統的二十八宿、五行說、神煞系統並存而形成《七政四餘術》。此外，一些術數中的北斗星名，不用我國傳統的星名：天樞、天璇、天璣、天權、玉衡、開陽、搖光，而是使用來自印度梵文所譯的：貪狼、巨門、祿存、文曲，廉貞、武曲、破軍等，此明顯是受到唐代從印度傳入的曆法及占星術所影響。如星命術中的《紫微斗數》及堪輿術中的《撼龍經》等文獻中，其星皆用印度譯名。及至清初《時憲曆》，置閏之法則改用西法「定氣」。清代以後的術數，又作過不少的調整。

此外，我國相術中的面相術、手相術，唐宋之際受印度相術影響頗大，至民國初年，又通過翻譯歐西、日本的相術書籍而大量吸收歐西相術的內容，形成了現代我國坊間流行的新式相術。

陰陽學——術數在古代、官方管理及外國的影響

術數在古代社會中一直扮演着一個非常重要的角色，影響層面不單只是某一階層、某一職業、某一年齡的人，而是上自帝王，下至普通百姓，從出生到死亡，不論是生活上的小事如洗髮、出行等，大事如建房、入伙、出兵等，從個人、家族以至國家，從天文、氣象、地理到人事、軍事，從民俗、學術到宗教，都離不開術數的應用。我國最晚在唐代開始，已把以上術數之學，稱作陰陽（學），行術數者稱陰陽人。（敦煌文書、斯四三二七唐《師師漫語話》：「以下說陰陽人謾語話」，此說法後來傳入日本，今日本人稱行術數者為「陰陽師」）。一直到了清末，欽天監中負責陰陽術數的官員中，以及民間術數之士，仍名陰陽生。

古代政府的中欽天監（司天監），除了負責天文、曆法、輿地之外，亦精通其他如星占、選擇、堪輿等術數，除在皇室人員及朝庭中應用外，也定期頒行日書、修定術數，使民間對於天文、日曆用事吉凶及使用其他術數時，有所依從。

我國古代政府對官方及民間陰陽學及陰陽官員，從其內容、人員的選拔、培訓、認證、考核、律法監管等，都有制度。至明清兩代，其制度更為完善、嚴格。

宋代官學之中，課程中已有陰陽學及其考試的內容。（宋徽宗崇寧三年〔一一零四年〕崇寧算學令：「諸學生習……並曆算、三式、天文書。」「諸試……三式即射覆及預占三日陰陽風雨。天文即預

定一月或一季分野災祥，並以依經備草合問為通。」

金代司天臺，從民間「草澤人」（即民間習術數人士）考試選拔：「其試之制，以《宣明曆》試推步，及《婚書》、《地理新書》試合婚、安葬，並《易》筮法，六壬課、三命、五星之術。」（《金史》卷五十一・志第三十二・選舉一）

元代為進一步加強官方陰陽學對民間的影響、管理、控制及培育，除沿襲宋代、金代在司天監掌管陰陽學及中央的官學陰陽學課程之外，更在地方上增設陰陽學課程（《元史・選舉志一》：「世祖至元二十八年夏六月始置諸路陰陽學。」）地方上也設陰陽學教授員，培育及管轄地方陰陽人。（《元史・選舉志一》：「（元仁宗）延祐初，令陰陽人依儒醫例，於路、府、州設教授員，凡陰陽人皆管轄之，而上屬於太史焉。」）自此，民間的陰陽術士（陰陽人），被納入官方的管轄之下。

至明清兩代，陰陽學制度更為完善。中央欽天監掌管陰陽學，明代地方縣設陰陽學正術，各州設陰陽學典術，各縣設陰陽學訓術。陰陽人從地方陰陽學肆業或被選拔出來後，再送到欽天監考試。（《大明會典》卷二二三：「凡天下府州縣舉到陰陽人堪任正術等官者，俱從吏部送（欽天監），考中，送回選用；不中者發回原籍為民，原保官吏治罪。」）清代大致沿用明制，凡陰陽術數之流，悉歸中央欽天監及地方陰陽官員管理、培訓、認證。至今尚有「紹興府陰陽印」、「東光縣陰陽學記」等明代銅印，及某某縣某某之清代陰陽執照等傳世。

清代欽天監漏刻科對官員要求甚為嚴格。《大清會典》「國子監」規定：「凡算學之教，設肄業生。滿洲十有二人，蒙古、漢軍各六人，於各旗官學內考取。漢十有二人，於舉人、貢監生童內考取。附學生二十四人，由欽天監選送。教以天文演算法諸書，五年學業有成，舉人引見以欽天監博士用，貢監生童以天文生補用。」學生在官學肄業、貢監生肄業或考得舉人後，經過了五年對天文、算法、陰陽學的學習，其中精通陰陽術數者，會送往漏刻科。而在欽天監供職的官員，《大清會典則例》「欽天監」規定：「本監官生三年考核一次，術業精通者，保題升用。不及者，停其升轉，再加學習。如能黽勉供職，即予開復。仍不及者，降職一等，再令學習三年，能習熟者，准予開復，仍不能者，黜退。」除定期考核以定其升用降職外，《大清律例》中對陰陽術士不準確的推斷（妄言禍福）是要治罪的。《大清律例・一七八・術七・妄言禍福》：「凡陰陽術士，不許於大小文武官員之家妄言禍福，違者杖一百。其依經推算星命卜課，不在禁限。」大小文武官員延請的陰陽術士，自然是以欽天監漏刻科官員或地方陰陽官員為主。

官方陰陽學制度也影響鄰國如朝鮮、日本、越南等地，一直到了民國時期，鄰國仍然沿用着我國的多種術數。而我國的漢族術數，在古代甚至影響遍及西夏、突厥、吐蕃、阿拉伯、印度、東南亞諸國。

術數研究

術數在我國古代社會雖然影響深遠，「是傳統中國理念中的一門科學，從傳統的陰陽、五行、九宮、八卦、河圖、洛書等觀念作大自然的研究。……傳統中國的天文學、數學、煉丹術等，要到上世紀中葉始受世界學者肯定。可是，術數還未受到應得的注意。術數在傳統中國科技史、思想史，文化史、社會史，甚至軍事史都有一定的影響。……更進一步了解術數，我們將更能了解中國歷史的全貌。」（何丙郁《術數、天文與醫學中國科技史的新視野》，香港城市大學中國文化中心。）

可是術數至今一直不受正統學界所重視，加上術家藏秘自珍，又揚言天機不可洩漏，「（術數）乃吾國科學與哲學融貫而成一種學說，數千年來傳衍嬗變，或隱或現，全賴一二有心人為之繼續維繫，賴以不絕，其中確有學術上研究之價值，非徒癡人說夢，荒誕不經之謂也。其所以至今不能在科學中成立一種地位者，實有數因。蓋古代士大夫階級目醫卜星相為九流之學，多恥道之；而發明諸大師又故為惝恍迷離之辭，以待後人探索；間有一二賢者有所發明，亦秘莫如深，既恐洩天地之秘，復恐譏為旁門左道，始終不肯公開研究，成立一有系統說明之書籍，貽之後世。故居今日而欲研究此種學術，實一極困難之事。」（民國徐樂吾《子平真詮評註》，方重審序）

現存的術數古籍，除極少數是唐、宋、元的版本外，絕大多數是明、清兩代的版本。其內容也主要是明、清兩代流行的術數，唐宋或以前的術數及其書籍，大部分均已失傳，只能從史料記載、出土文獻、敦煌遺書中稍窺一鱗半爪。

術數版本

坊間術數古籍版本，大多是晚清書坊之翻刻本及民國書賈之重排本，其中豕亥魚魯，或任意增刪，往往文意全非，以至不能卒讀。現今不論是術數愛好者，還是民俗、史學、社會、文化、版本等學術研究者，要想得一常見術數書籍的善本、原版，已經非常困難，更遑論如稿本、鈔本、孤本等珍稀版本。在文獻不足及缺乏善本的情況下，要想對術數的源流、理法、及其影響，作全面深入的研究，幾不可能。

有見及此，本叢刊編校小組經多年努力及多方協助，在海內外搜羅了二十世紀六十年代以前漢文為主的術數類善本、珍本、鈔本、孤本、稿本、批校本等數百種，精選出其中最佳版本，分別輯入兩個系列：

一、心一堂術數古籍珍本叢刊

二、心一堂術數古籍整理叢刊

前者以最新數碼（數位）技術清理、修復珍本原本的版面，更正明顯的錯訛，部分善本更以原色彩色精印，務求更勝原本。并以每百多種珍本、一百二十冊為一輯，分輯出版，以饗讀者。

後者延請、稿約有關專家、學者，以善本、珍本等作底本，參以其他版本，古籍進行審定、校勘、注釋，務求打造一最善版本，方便現代人閱讀、理解、研究等之用。

限於編校小組的水平，版本選擇及考證、文字修正、提要內容等方面，恐有疏漏及舛誤之處，懇請方家不吝指正。

心一堂術數古籍 珍本/整理 叢刊編校小組

二零零九年七月序

二零一四年九月第三次修訂

宅運撮要

例言

一本書刊行宗旨。爲助長社會上一切善業。根本矯正風化。使人人趨吉避凶。消除一切無妄之災。更望仁者羣起研究。俾此學日益昌明。廣爲人間造福。

一研究本書。不謂人定可以勝天。富貴盡人可求。須知富貴是從積德而來。應隨時隨地深植善因。則富貴不求而至。若用此術以求富貴。而不植善根。則人定未可以勝天也。蓋用以助長善業。而爲公衆謀幸福。則可。如用以圖一己之驕奢淫佚。則不啻揠苗助長。自速其亡耳。此身一失。永劫沉淪。亨受無幾時。而苦報無盡期。使著者救世之婆心。反成害世之利器。願讀者愼之愼之。

一凡爲民衆謀生計而經營農工商事業。致遭失敗者。急宜研究本書。及宅運新案二宅實驗兩書。因其失敗之原因。皆在辦事之房屋。及自己之住宅。與先人之坟墓。倘以是術補救之。自可達成功之目的。

一凡患疾病而醫藥罔效者。其因皆在住宅上。著者曾數見病人病魔纏繞。醫藥罔效。囑其避居他室。一面延醫服藥。卽覺藥力有効。沉疴霍然可見。此術不獨救貧。且可治病。（幷可求子）若醫生而能研究本書及宅運新案二宅實驗兩書。其治病之神効。當有驚人之成績。　（宅運新案各地中華書局出售二宅實驗上海南京路六八五號三樂農產社經售）

目錄

宅運撮要目錄

宅運撮要弁言

人生之目的、在上者、爲國族圖永久之幸福、在下者、爲家庭謀興旺之丁財、若無奇書妙訣、猶如緣木求魚、雖欲圖謀、安可得乎？又如航海入山、探採如意寶珠、若無指南導師、非惟不能如意、而且難免損失、反遭危險、故爲國家乃至個人謀幸福、亦復如是、若無良師、善知識、善爲指導策劃，以致國破家亡、身殞命喪、實堪悲愍、何可勝道歟！然而天下之大、無奇不有、證之往昔、每有畸人術士、發明縮地點金之方、近今知識日進、科學萬能、千里傳言、有無線電、以爲之通達、兩地交談、有播音機、以爲之接語、他如天空、可以航行、海底設有潛艇、以及登山探寶、入海採珠、凡屬奇珍異寶、各可徵求、雖然、必先明其妙訣、而後得以如願而償、此妙訣維何、卽奇書是也、否則縱使遇之、貿然不知、亦何用乎？惟世之珍藏奇書者、每作祕密傳家之寶、不肯公開利人、以致珍奇異寶、蘊而不宣、而所稱爲畸人術士、高賢良師者、亦皆晦跡韜光、一時難以遭遇、如古之姜太公、諸葛武侯、劉國師等、皆畸人術士、能知天文地理、過去未來者也、周文王、漢玄德、明太祖、不惜以九五之尊、躬往禮聘、求其爲師、裨得善爲策劃圖謀、故其有天下也、亦各獲享國族永久之幸福矣、今有佛智老法師、久叅上乘、披閱三藏、遍知世出世法、洞悉天文地理、哲學科學、較之古人、誠有過而無不及者、可爲今之畸人術士也、素行菩薩道、在俗時曾著宅運新案、又名活易經、初續兩集、共四厚册、洋洋十數萬言、闡明全球各國、古今中外、興衰成敗、福禍吉凶、時節機緣、遷變幻化、無不應驗如神、瞭如指掌、公開刊印、風行世界、惜初學者讀之、未免望洋興嘆爲憾耳、玆同人等、請其撮擷綱要、刋印單行本、使讀之者、易於了解、不僅研究善用、可以自利利人、趨吉避凶、且如遇航海入山採寶之導師、既得還魂草、可以起死囘生、又獲摩尼珠、可以富貴顯達、凡有所求、無不美滿如意、有必然者、況當吾國興亡、一髮千鈞之際、果有志救亡圖存、欲得國家富强、民族發達者、宜各手一册、先覩爲快耶？玆請榮柏雲居士、重爲編輯、付印流通、普利無盡空間時間、略述因緣如是、以弁書首云爾。

中華民國廿八年國慶日釋迦華智書於南洋檳島雙慶寺陋室

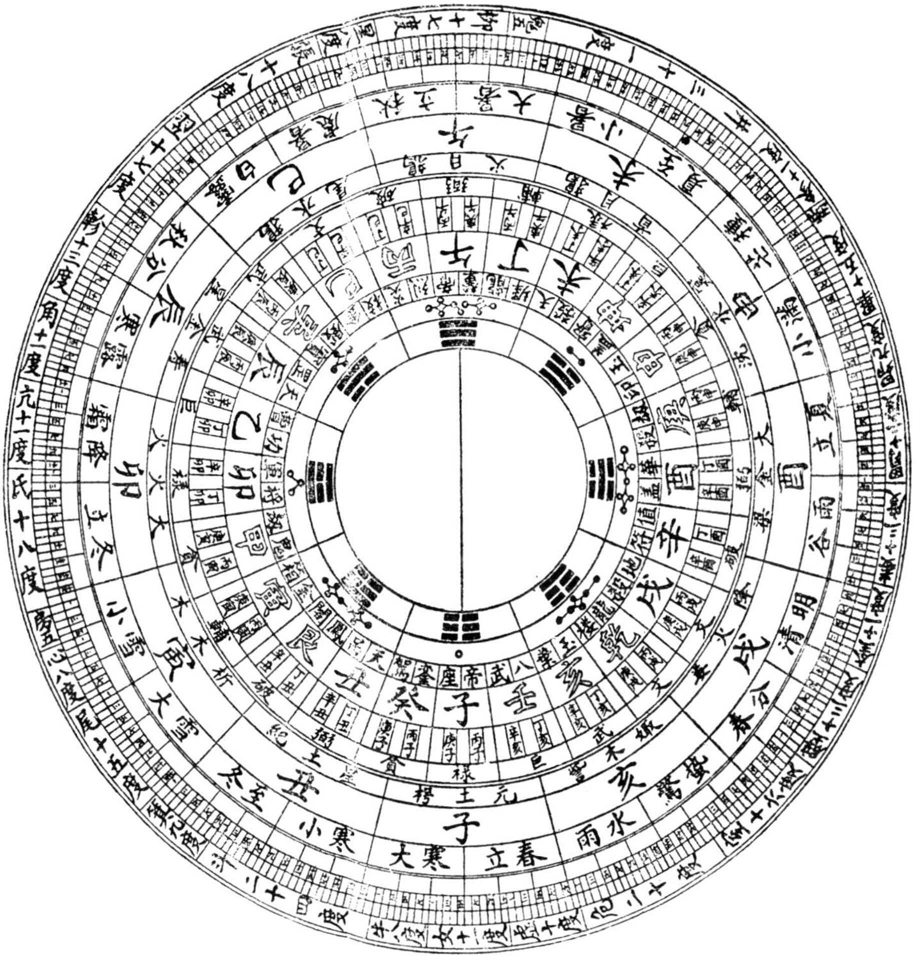
子
癸
丑
寅
卯
乙
辰
巳
午
丁
未
申
酉
辛
戌
亥
壬
小寒
大寒
立春
雨水
春分
清明
立夏
小暑
大暑
立秋
白露
秋分
寒露
霜降
立冬
小雪
大雪
冬至

無極而太極

主宰者理　流行者氣　對待者數

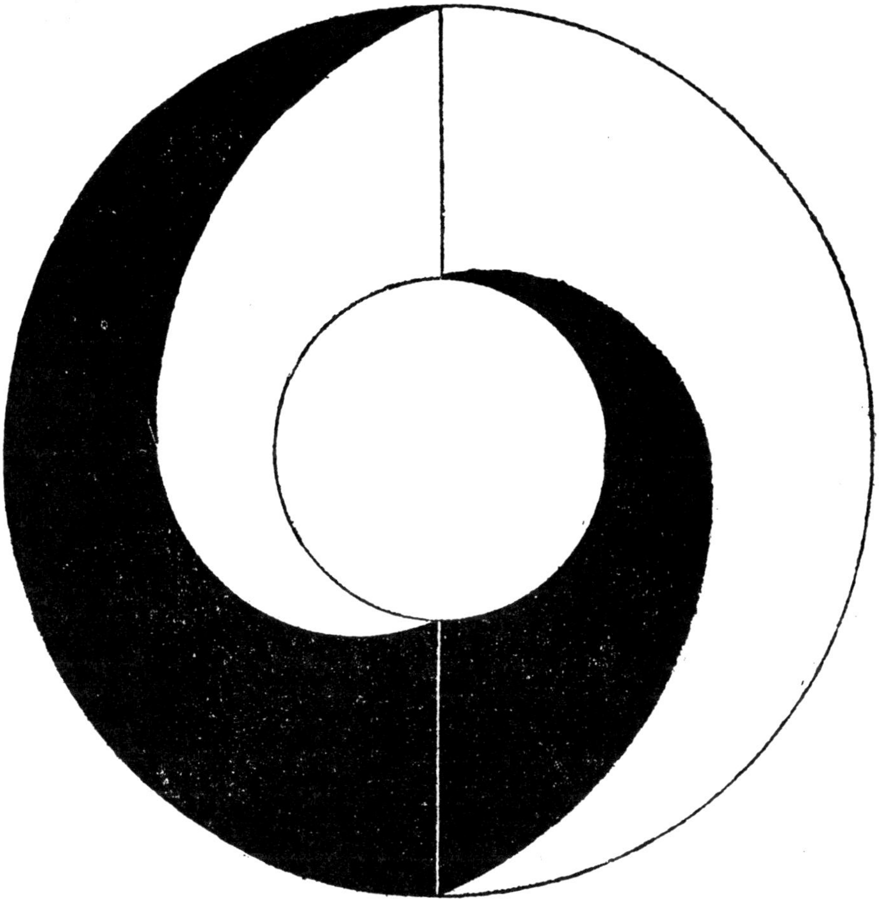

中心爲純陽體。一念未起時，及一心不亂時似之。爲先天境界。中間近陰陽分界之兩尖角，爲念頭動處。白的尖角，爲陽之起點。亦爲返本復陽之最初動機。黑的尖角，爲陰之起點。亦爲放浪陰私一路之最初失著。黑白中線。爲陰陽分界。一切人事。皆可以此陰陽二氣之盈虛消息圖推究之。世界一切現象，皆包括於此圖之中。

消息圖百分比例表

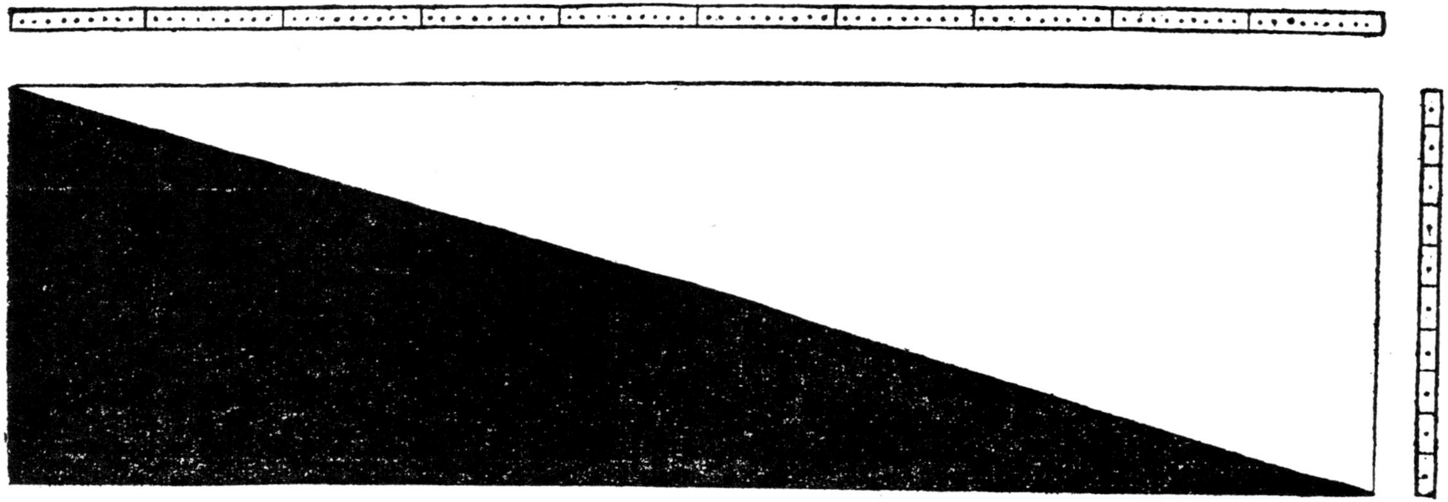

除了諸佛聖衆離念境界。人間一切之一切事狀。無一而非相對境界。例如是非，得失，禍福，安危，進退，升降，聚散，增減，生死，興替，莫不成爲絕端相對之現狀。此乘彼除，此消彼息，無一不可以此百分表，衡量其中變化之情狀。

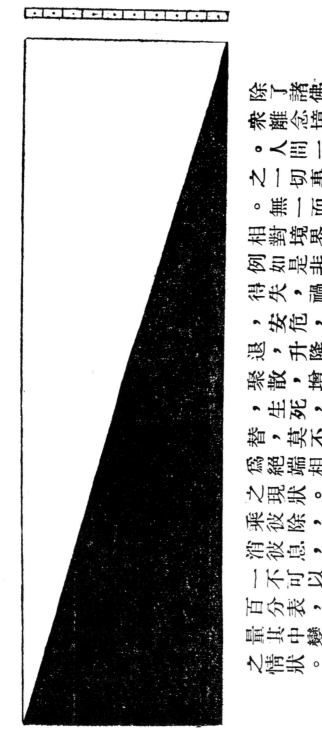

後天數

縱橫合十
合十五

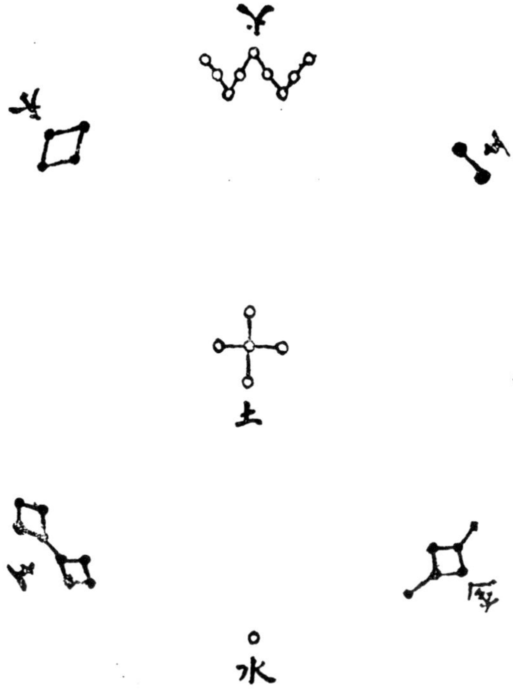

先天數

加減合五

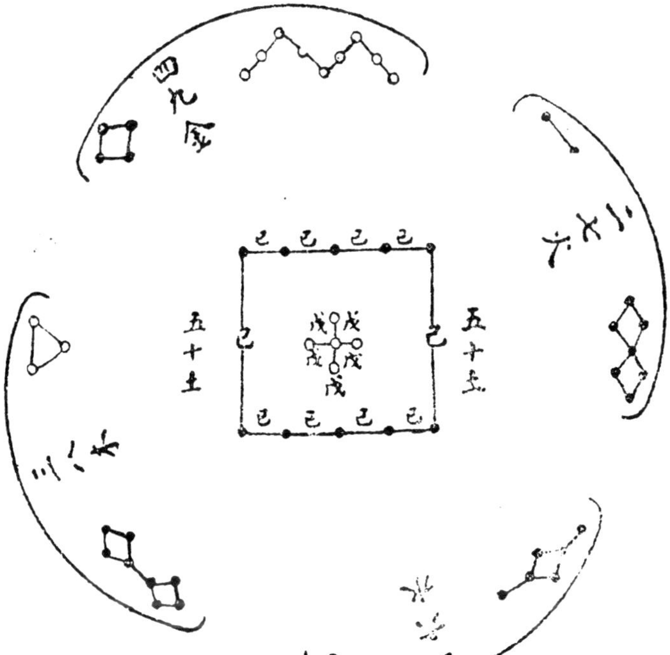

八方因中宮而假立

『以各個所在地作活動之中宮』

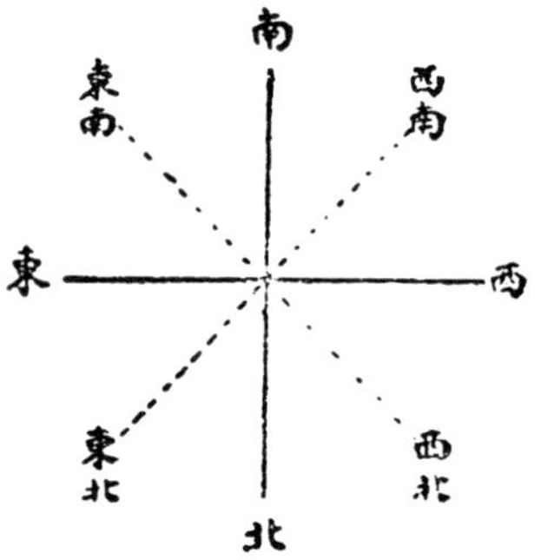

四正

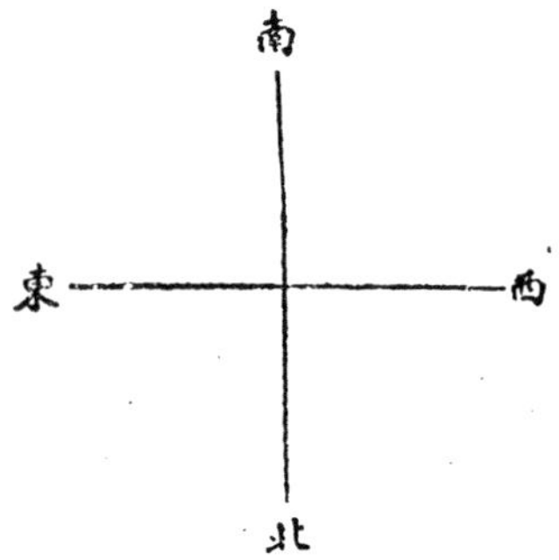

四隅

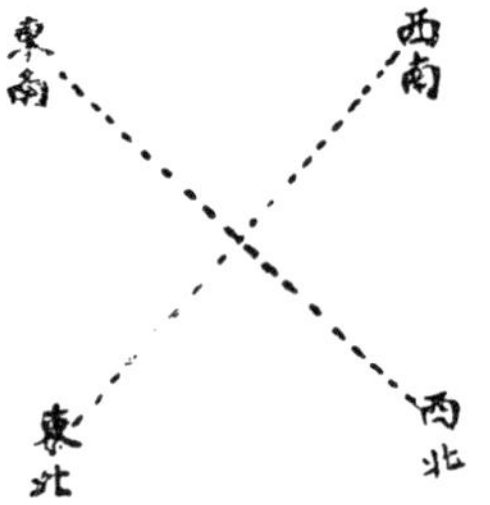

八卦九星及二十四山向

卦	數	色	方位	五行	廿四山向
坎	一	白	北	水	壬○ 子● 癸●
坤	二	黑	西南	土	未● 坤○ 申○
震	三	碧	東	木	甲○ 卯● 乙●
巽	四	綠	東南	木	辰● 巽○ 巳○
中	五	黃	中	土	戊○ 己●
乾	六	白	西北	金	戌● 乾○ 亥○
兌	七	赤	西	金	庚○ 酉● 辛●
艮	八	白	東北	土	丑● 艮○ 寅○
離	九	紫	南	火	丙○ 午● 丁●

河圖

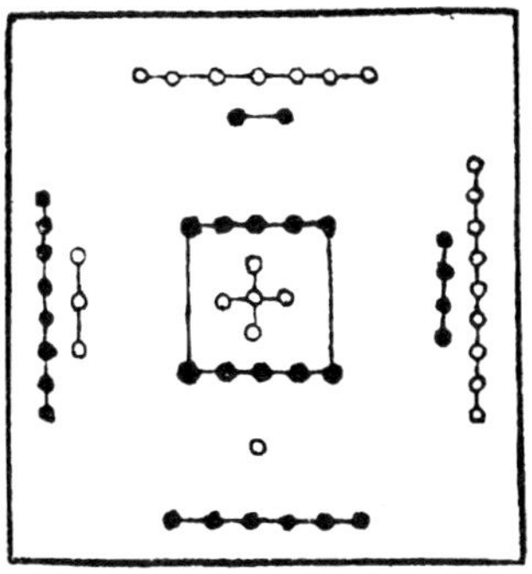

天一生水•地六成之。水位北方。故一六共宗而居北。
地二生火。天七成之。火位南方。故二七同道而居南。
天三生木。地八成之。木位東方。故三八爲朋而居東。
地四生金。天九成之。金位西方。故四九爲友而居西。
天五生土。地十成之。土位中央。故五十同途而居中。

洛書

神龜顯瑞

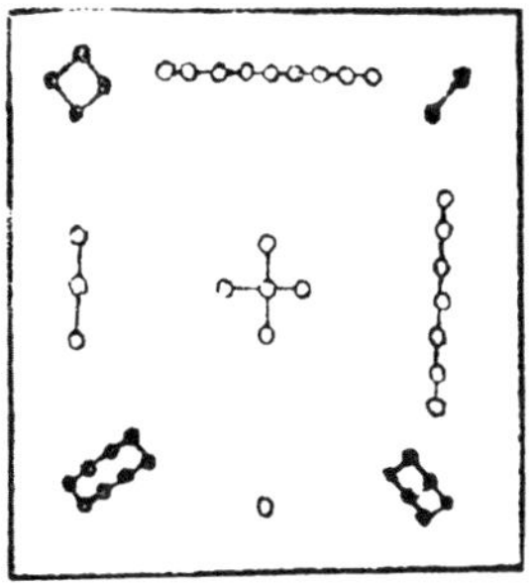

中五立極
戴九履一
左三右七
二四爲肩
六八爲足

萬法唯心之天機

『中心爲一切氣數之起點』

三角光線之軌道

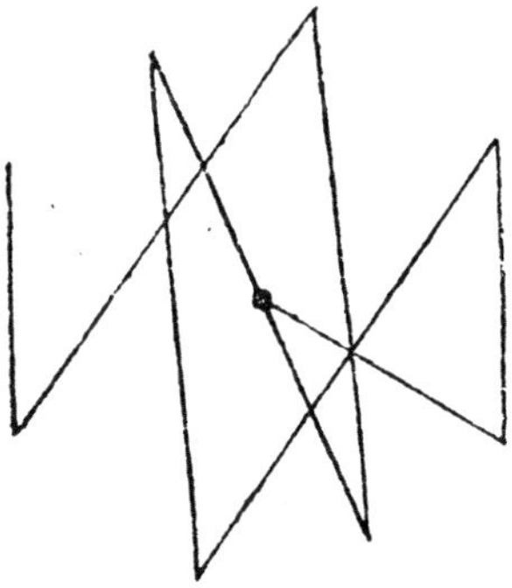

近期三元九運分運檢查表

上元	一運	康熙二十三年至康熙四十二年	同治三年至光緒九年
	二運	康熙四十三年至雍正元年	光緒十年至光緒廿九年
	三運	雍正二年至乾隆八年	光緒三十年至民國十二年
中元	四運	乾隆九年至乾隆廿八年	民國十三年至民國三十二年
	五運	乾隆廿九年至乾隆四十八年	民國三十三年至民國五十二年
	六運	乾隆四十九年至嘉慶八年	民國五十三年至民國七十二年
下元	七運	嘉慶九年至道光三年	民國七十三年至民國九十二年
	八運	道光四年至道光二十三年	民國九十三年至民國一百十二年
	九運	道光二十四年至同治二年	民國一百十三年至民國一百三十二年

一運天根分陰分陽圖

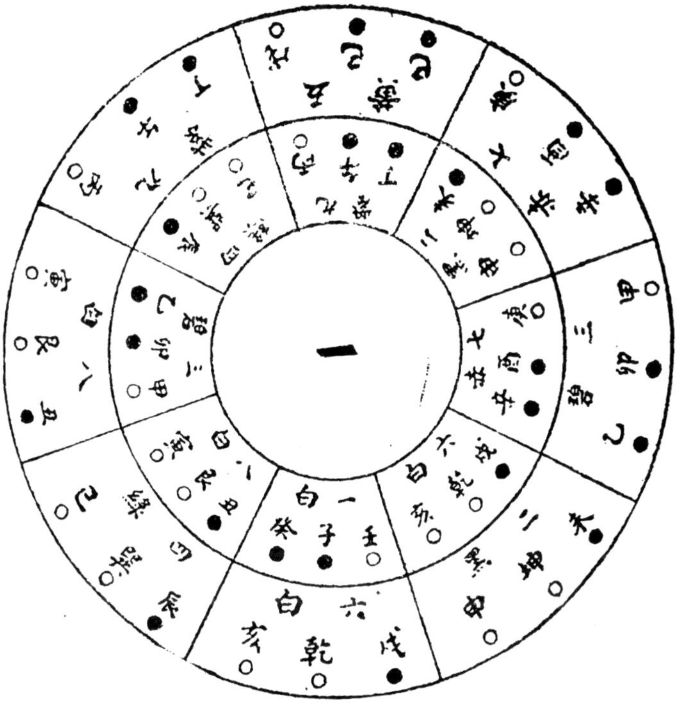

二運天根分陰分陽圖

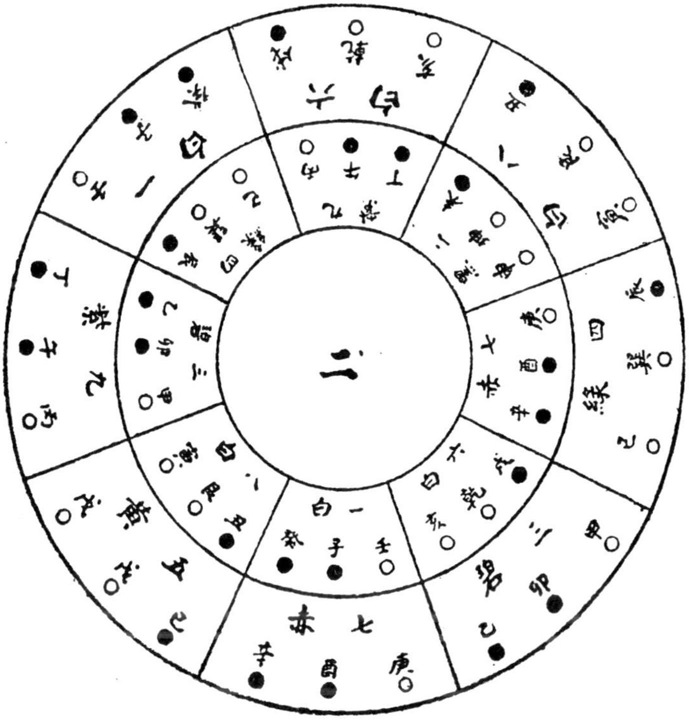

三運天根分陰分陽圖

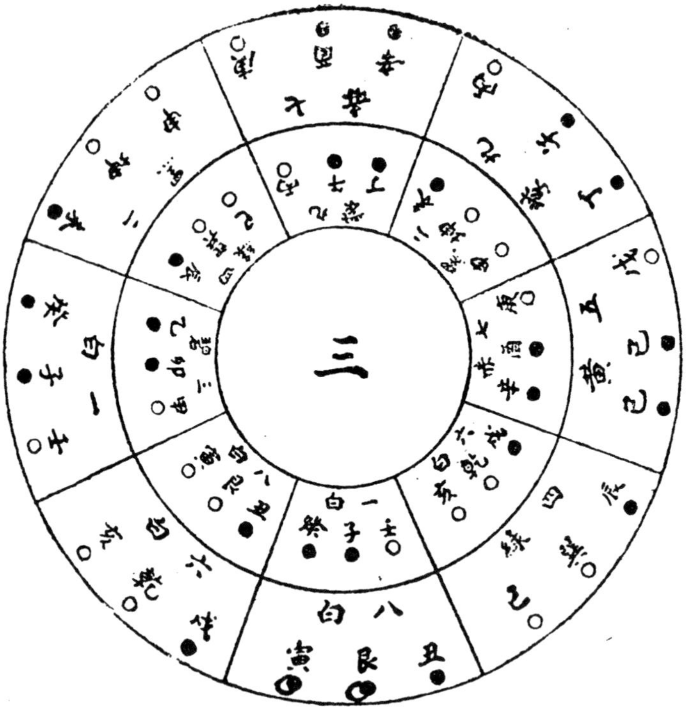

四運天根分陰分陽圖

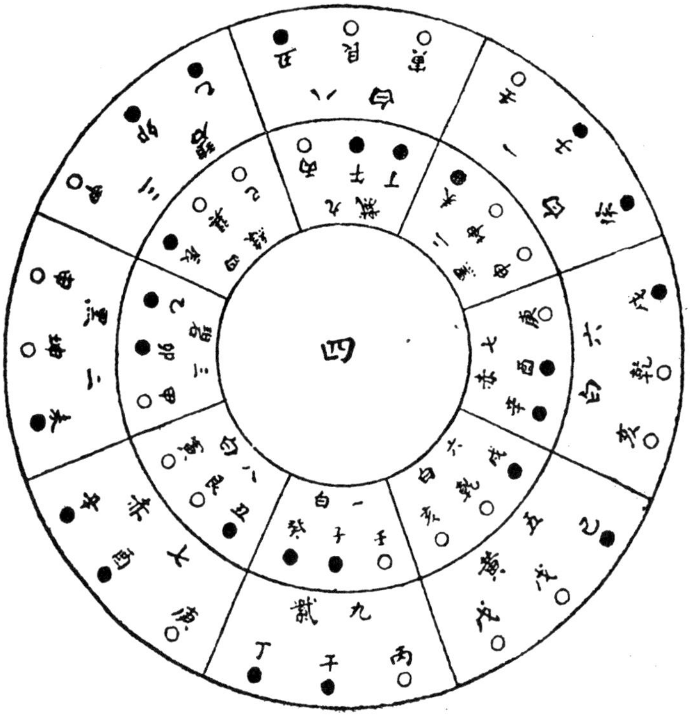

五運天根分陰分陽圖

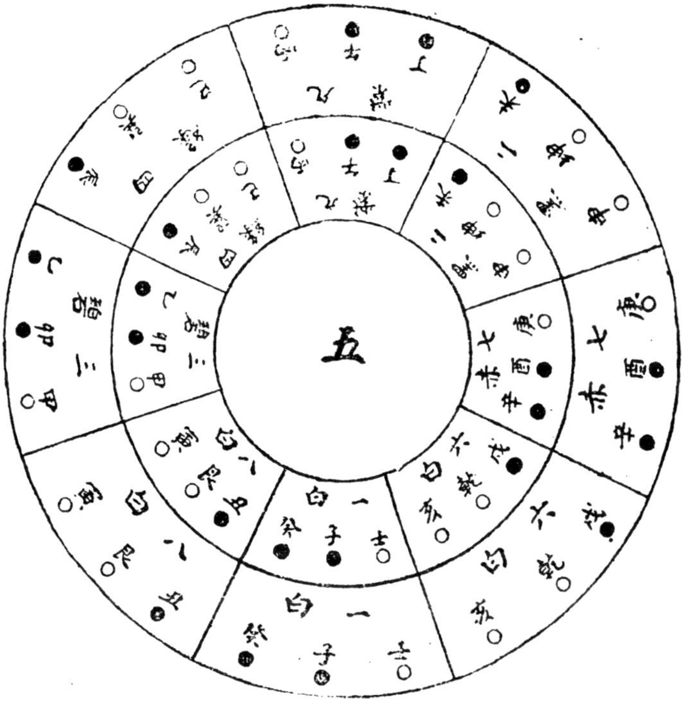

六運天根分陰分陽圖

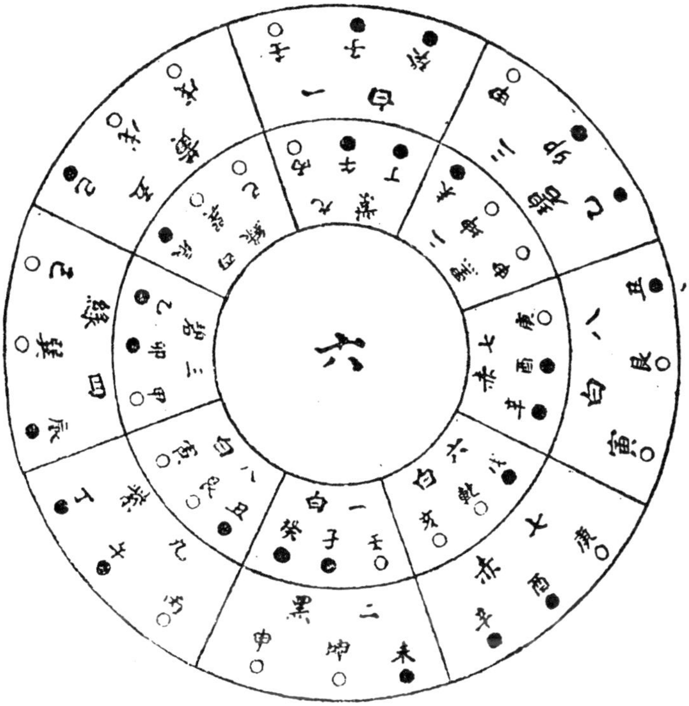

七運天根分陰分陽圖

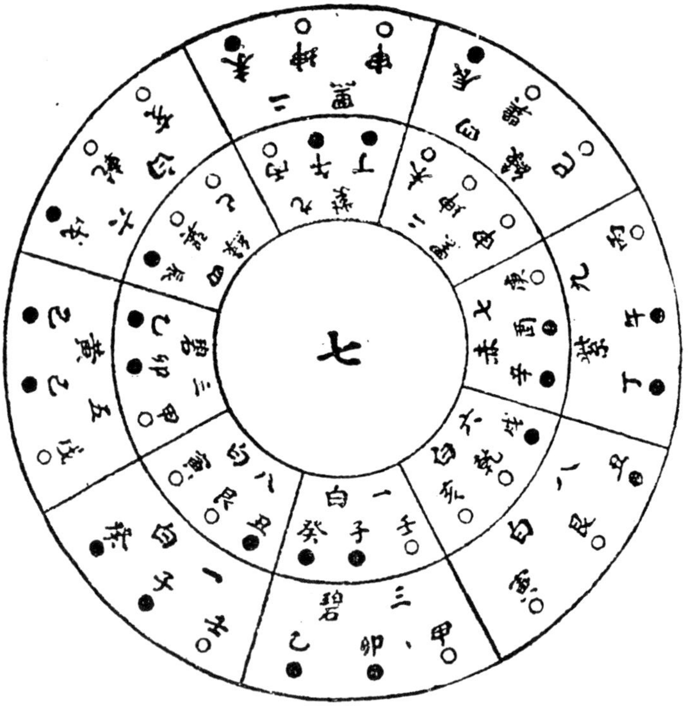

八運天根分陰分陽圖

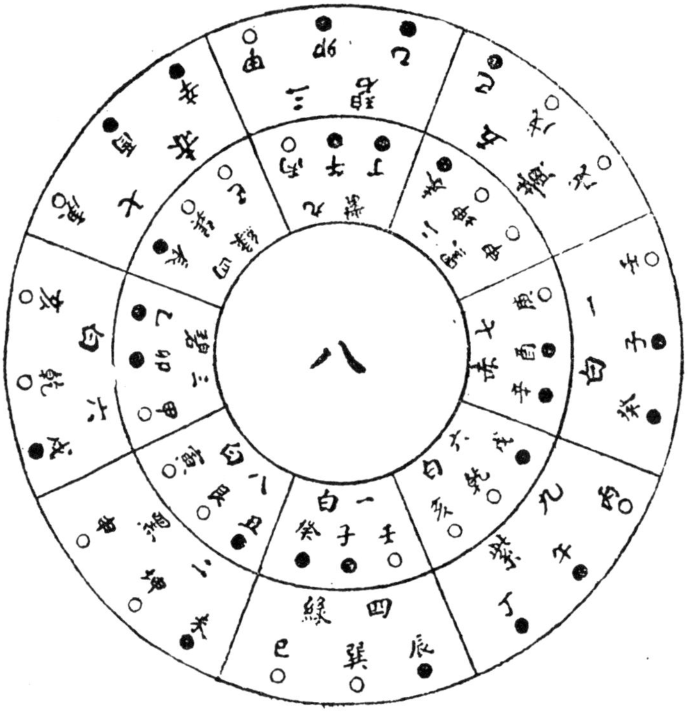

九運天根分陰分陽圖

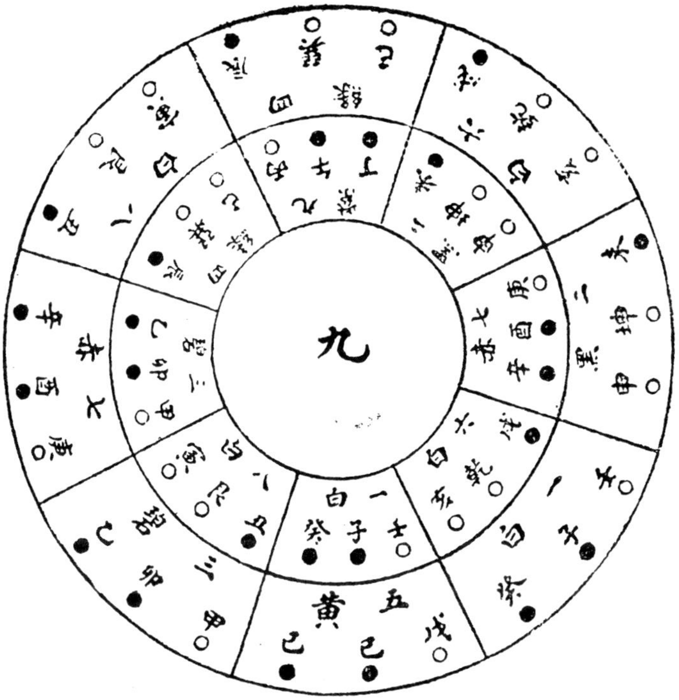

替卦

到山到向十二天根之變化

替卦歌訣

子癸並甲申　貪狼一路行
壬卯乙未坤　五位爲巨門
辰巽巳乾亥　連戌武曲名
酉辛丑艮丙　天星說破軍
寅午庚丁上　右弼四星臨

又簡歌

甲申變一　巽巳六　壬二丙七
庚寅九　艮七陽順數　丑七辰
六卯乙二　陰位逆行替

凡山向所兼度數，在三度以上者，用替卦計算。

三元九運九星得失表

	一運	二運	三運	四運	五運	六運	七運	八運	九運
二黑	旺	退	吉衰	吉	吉	吉合五	吉	吉	配合生零反
一白	生	旺	退	死	死	死配合	平合五	零反合十	死
三碧	平	生	旺	配合退	凶	死	零反合十	吉合五	死
四綠	吉	吉	配合生	旺	退	零反合十	平	吉	吉合五
五黃	死	死	死	生	旺	退	死	死	死
六白	吉合五	吉配合	吉	零反合十吉	生	旺	退	吉	吉
七赤	死	半吉合五	零反合十	死	死	生	旺	配合退	死
八白	吉	吉零反合十	吉合五	吉	吉	吉	配合生	旺	退
九紫	零反退合十	死	死	半吉合五	死	死	平	生	旺

旁六宮吉星須在正配八線中求之

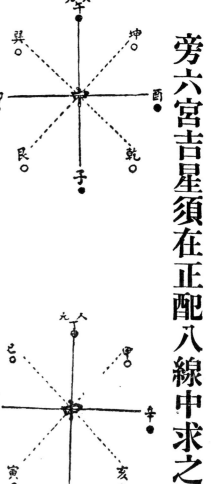

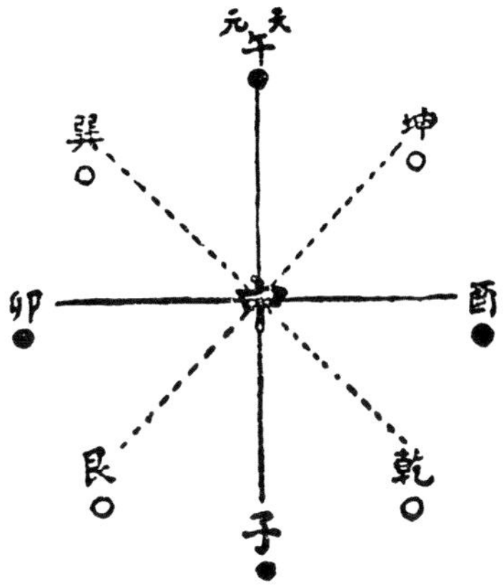

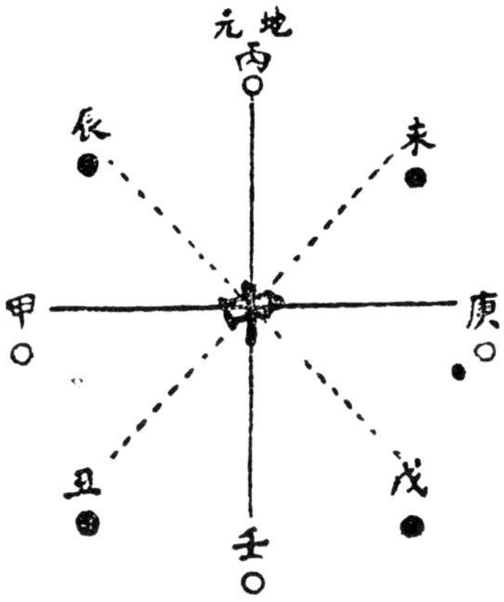

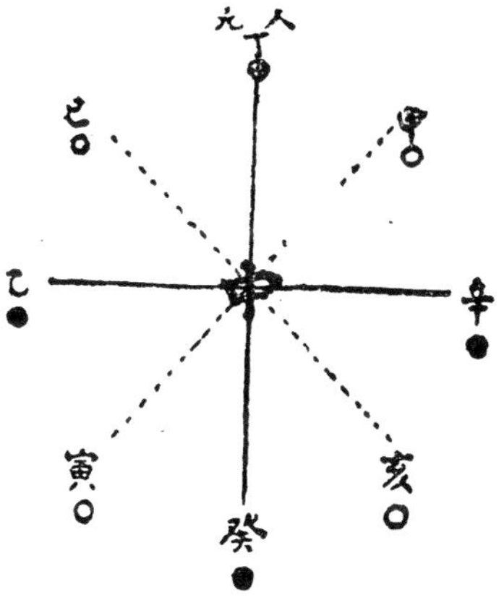

壬	丑	甲	辰	丙	未	庚	戌	地元
子	艮	卯	巽	午	坤	酉	乾	天元
癸	寅	乙	巳	丁	申	辛	亥	人元

說明

甲庚壬丙四陽，與辰戌丑未四陰，為地元正配。

子午卯酉四陰，與乾坤艮巽四陽，為天元正配。

乙辛丁癸四陰，與寅申巳亥四陽，為人元正配。

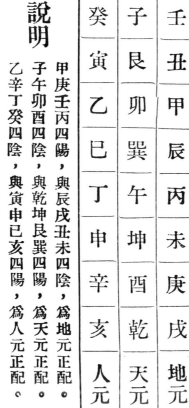

宅命構成圖

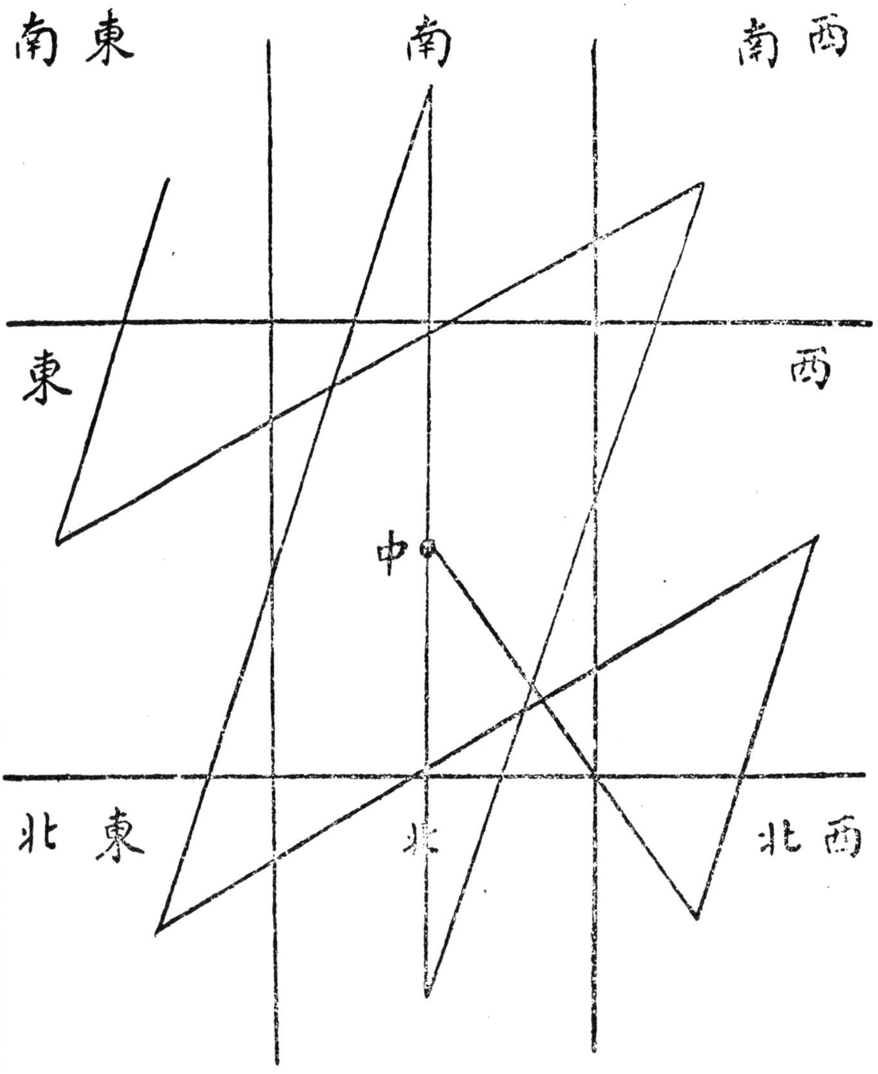

不論運星山星向星，及年月日時四客星等，皆依照此三角光線軌道順逆飛布，由中宮而西北，西，東北，南，北，西南，東，東南。

三元九運值年九星表

							上元	中元	下元
甲子	癸酉	壬午	辛卯	庚子	己酉	戊午	一	四	七
乙丑	甲戌	癸未	壬辰	辛丑	庚戌	己未	九	三	六
丙寅	乙亥	甲申	癸巳	壬寅	辛亥	庚申	八	二	五
丁卯	丙子	乙酉	甲午	癸卯	壬子	辛酉	七	一	四
戊辰	丁丑	丙戌	乙未	甲辰	癸丑	壬戌	六	九	三
己巳	戊寅	丁亥	丙申	乙巳	甲寅	癸亥	五	八	二
庚午	己卯	戊子	丁酉	丙午	乙卯		四	七	一
辛未	庚辰	己丑	戊戌	丁未	丙辰		三	六	九
壬申	辛巳	庚寅	己亥	戊申	丁巳		二	五	八

全年十二月值月九星表

月別	節氣	子午卯酉年	辰戌丑未年	寅申巳亥年
正月	立春 雨水	八白	五黃	二黑
二月	驚蟄 春分	七赤	四綠	一白
三月	清明 谷雨	六白	三碧	九紫
四月	立夏 小滿	五黃	二黑	八白
五月	芒種 夏至	四綠	一白	七赤
六月	小暑 大暑	三碧	九紫	六白
七月	立秋 處暑	二黑	八白	五黃
八月	白露 秋分	一白	七赤	四綠
九月	寒露 霜降	九紫	六白	三碧
十月	立冬 小雪	八白	五黃	二黑
十一月	大雪 冬至	七赤	四綠	一白
十二月	小寒 大寒	六白	三碧	九紫

年月客星到口子上及衝要處之發生吉凶事故

二二，慢性病．五五，急性病．二五．五二．二二，五五，生大病傷人口。

二三，三二，爲鬥牛殺，防口舌官非氣惱。

七三，七六，六七，爲交劍殺防備盜賊。

二七，七二爲先天火，九七，七九，爲後天火，防火災，或熱症，血症之類。

一一，一六，一四，一八，六六．六四，六八，八八，八六，有喜慶事，或成名得利。

上元

甲子，癸酉，壬午，
辛卯，庚子，己酉，
戊午。

中元

丁卯，丙子，乙酉，
甲午，癸卯，壬子，
辛酉。

下元

庚午，己卯，戊子，
丁酉，丙午，乙卯。

九（南東） 七 一 四 七 六 九 三 六 五 八 二 五	五（南） 三 六 九 三 二 五 八 二 一 四 七 一	七（南西） 五 八 二 五 四 七 一 四 三 六 九 三
八（東） 六 九 三 六 五 八 二 五 四 七 一 四	一 正八白	三（西） 一 四 七 一 九 三 六 九 八 二 五 八
四（北東） 二 五 八 二 一 四 七 一 九 三 六 九	六（北） 四 七 一 四 三 六 九 三 二 五 八 二	二（北西） 九 三 六 九 八 二 五 八 七 一 四 七

上元

乙丑，甲戌，癸未，壬辰，辛丑，庚戌，己未。

中元

戊辰，丁丑，丙戌，乙未，甲辰，癸丑，壬戌。

下元

辛未，庚辰，己丑，戊戌，丁未，丙辰。

八（南東） 四 七 一 四 三 六 九 三 二 五 八 二	四（南） 九 三 六 九 八 二 五 八 七 一 四 七	六（南西） 二 五 八 二 一 四 七 一 九 三 六 九
七（東） 三 六 九 三 二 五 八 二 一 四 七 一	九 正五黃	二（西） 七 一 四 七 六 九 三 六 五 八 二 五
三（北東） 八 二 五 八 七 一 四 七 六 九 三 六	五（北） 一 四 七 一 九 三 六 九 八 二 五 八	一（北西） 六 九 三 六 五 八 二 五 四 七 一 四

上元

丙寅，乙亥，甲申，
癸巳，壬寅，辛亥，
庚申，

中元

己巳，戊寅，丁亥，
丙申，乙巳，甲寅，
癸亥，

下元

壬申，辛巳，庚寅，
己亥，戊申，丁巳，

七（南東） 一四七一 九三六九 八二五八	三（南） 六九三六 五八二五 四七一四	五（南西） 八二五八 七一四七 六九三六
六（東） 九三六九 八二五八 七一四七	八 正二黑	一（西） 四七一四 三六九三 二五八二
二（北東） 五八二五 四七一四 三六九三	四（北） 七一四七 六九三六 五八二五	九（北東） 三六九三 二五八二 一四七一

上元

丁卯，丙子，乙酉，甲午，癸卯，壬子，辛酉。

中元

庚午，己卯，戊子，丁酉，丙午，乙卯。

下元

甲子，癸酉，壬午，辛卯，庚子，己酉，戊午。

<table>
<tr>
<td>六（南東）
七　一　四　七
六　九　三　六
五　八　二　五</td>
<td>二（南）
三　六　九　三
二　五　八　二
一　四　七　一</td>
<td>四（南西）
五　八　二　五
四　七　一　四
三　六　九　三</td>
</tr>
<tr>
<td>五（東）
六　九　三　六
五　八　二　五
四　七　一　四</td>
<td>七
正八白</td>
<td>九（西）
一　四　七　一
九　三　六　九
八　二　五　八</td>
</tr>
<tr>
<td>一（北東）
二　五　八　二
一　四　七　一
九　三　六　九</td>
<td>三（北）
四　七　一　四
三　六　九　三
二　五　八　二</td>
<td>八（北西）
九　三　六　九
八　二　五　八
七　一　四　七</td>
</tr>
</table>

上元

戊辰，丁丑，丙戌，乙未，甲辰，癸丑，壬戌。

中元

辛未，庚辰，己丑，戊戌，丁未，丙辰。

下元

甲戌，癸未，壬辰，辛丑，庚戌，己未，乙丑。

五（南東） 四 七 一 四 三 六 九 三 二 五 八 二	**一**（南） 九 三 六 九 八 二 五 八 七 一 四 七	**三**（南西） 二 五 八 二 一 四 七 一 九 三 六 九
四（東） 三 六 九 三 二 五 八 二 一 四 七 一	**六** 正五黃	**八**（西） 七 一 四 七 六 九 三 六 五 八 二 五
九（北東） 八 二 五 八 七 一 四 七 六 九 三 六	**二**（北） 一 四 七 一 九 三 六 九 八 二 五 八	**七**（北西） 六 九 三 六 五 八 二 五 四 七 一 四

上元
己巳，戊寅，丁亥，丙申，乙巳，甲寅，癸亥。

中元
壬申，辛巳，庚寅，己亥，戊申，丁巳。

下元
乙亥，甲申，癸巳，壬寅，辛亥，庚申，丙寅。

四（東南） 一 四 七 一 九 三 六 九 八 二 五 八	**九**（北） 六 九 三 六 五 八 二 五 四 七 一 四	**二**（南西） 八 二 五 八 七 一 四 七 六 九 三 六
三（東） 九 三 六 九 八 二 五 八 七 一 四 七	**五** 正二黑	**七**（西） 四 七 一 四 三 六 九 三 二 五 八 二
八（北東） 五 八 二 五 四 七 一 四 三 六 九 三	**一**（北） 七 一 四 七 六 九 三 六 五 八 二 五	**六**（北西） 三 六 九 三 二 五 八 二 一 四 七 一

上元

庚午，己卯，戊子，丁酉，丙午，乙卯。

中元

甲子，癸酉，壬午，辛卯，庚子，己酉，戊午。

下元

丁卯，丙子，乙酉，甲午，癸卯，壬子，辛酉。

三（南東） 七 一 四 七 六 九 三 六 五 八 二 五	八（南） 三 六 九 三 二 五 八 二 一 四 七 一	一（南西） 五 八 二 五 四 七 一 四 三 六 九 三
二（東） 六 九 三 六 五 八 二 五 四 七 一 四	四 正八白	六（西） 一 四 七 一 九 三 六 九 八 二 五 八
七（北東） 二 五 八 二 一 四 七 一 九 三 六 九	九（北） 四 七 一 四 三 六 九 三 二 五 八 二	五（北西） 九 三 六 九 八 二 五 八 七 一 四 七

上元

辛未，庚辰，己丑，戊戌，丁未，丙辰。

中元

乙丑，甲戌，癸未，壬辰，辛丑，庚戌，己未，

下元

戊辰，丁丑，丙戌，乙未，甲辰，癸丑，壬戌。

二（南東） 四 七 一 四 三 六 九 三 二 五 八 二	**七**（南） 九 三 六 九 八 二 五 八 七 一 四 七	**九**（南西） 二 五 八 二 一 四 七 一 九 三 六 九
一（東） 三 六 九 三 二 五 八 二 一 四 七 一	**三** 正五黃	**五**（西） 七 一 四 七 六 九 三 六 五 八 二 五
六（北東） 八 二 五 八 七 一 四 七 六 九 三 六	**八**（北） 一 四 七 一 九 三 六 九 八 二 五 八	**四**（北西） 六 九 三 六 五 八 二 五 四 七 一 四

上元

壬申，辛巳，庚寅，己亥，戊申，丁巳。

中元

丙寅，乙亥，甲申，癸巳，壬寅，辛亥，庚申。

下元

己巳，戊寅，丁亥，丙申，乙巳，甲寅，癸亥。

一（南東） 一 四 七 一 九 三 六 九 八 二 五 八	**六**（南） 六 九 三 六 五 八 二 五 四 七 一 四	**八**（南西） 八 二 五 八 七 一 四 七 六 九 三 六
九（東） 九 三 六 九 八 二 五 八 七 一 四 七	**二** 正二黑	**四**（西） 四 七 一 四 三 六 九 三 二 五 八 二
五（北東） 五 八 二 五 四 七 一 四 三 六 九 三	**七**（北） 七 一 四 七 六 九 三 六 五 八 二 五	**三**（北西） 三 六 九 三 二 五 八 二 一 四 七 一

年月九星說明

例如民國廿四年乙亥流年，東南方年星一白，下分春夏秋冬四行，第一行一九八，卽正二三月春令之月星。第二行七六五，卽四五六月夏令之月星。五月年一月六，宅舍門路得此，主利科名，或見喜慶，他可類推。是年四月東北方，年五月二，如此方通行，決有疾病死亡之事。吉凶禍福，如響斯應。

凡交立春以後三十天，方算正月。交立夏後三十天，方算四月。交立秋後三十天，方算七月。交立冬後三十天，方算十月。每月兩節氣。依節氣論，不依晦朔論。

例如中元甲子年年月天星表正南方十一個月之天星其式爲獨占一方格

正南

八

春	夏	秋	冬
三	九	六	三
二	八	五	二
一	七	四	一

頂上一八字，八卽八白年星。正二三月屬春，正月三碧到南方三八合火天木吉。二月二八合十，成後天數對宮合十吉。三月一白到吉。四月九紫先天喜星生八白土，多分吉利。但宅命中南方之主星如爲三碧木，則木被火洩，不見喜而見晦矣。主星如四綠則遇九從化成先天四九金，金受八白年星資生則甚吉。六月亦吉。因七兌少女與艮八少男陰陽相得也。七月八六更吉。八月五黃不吉，防疾病相侵，居恆淡嗜欲，勤修省之士，則正氣勝客邪，當無患耳。九月平平。星僅九位，週而復始，以故十月略同正月。十一月略同二月。十二月略同三月。惟春則當陽，萬物長養。冬則收斂，主靜伏藏。酌理揆情以觀造化與人事間所起之情態，足資警惕修省者，隨處可以覓到之。易曰滿招損，泰轉否，所謂吉月須格外警惕修省，庶免順於時疏忽伏下禍根，爲來日發難時百倍苦痛耳。潮漲速落，月滿速虧，法象昭然，賢明之士自能了達。有緣得此者得益均不淺也。舉此一隅爲例，餘可類推以盡之。

伏羲八卦次序

八	一	二	三	四	五	六	七	八
八卦	乾	兌	離	震	巽	坎	艮	坤
四象	太陽		少陰		少陽		太陰	
兩儀	陽				陰			
太極	太極							

伏羲八卦方位 一名先天卦

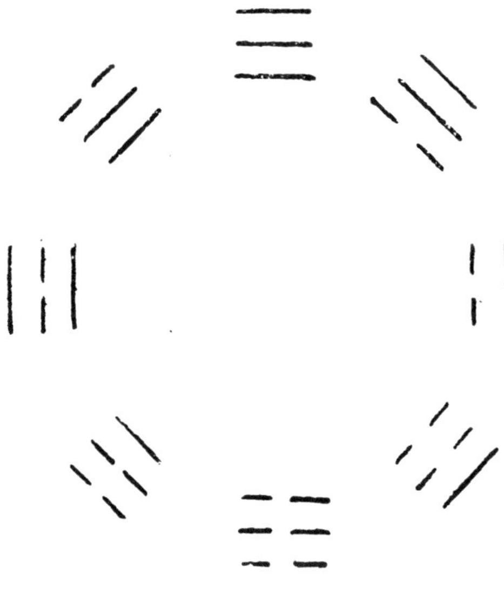

文王八卦次序

乾	坤
☰	☷
老父	老母

震	坎	艮	巽	離	兌
☳	☵	☶	☴	☲	☱
長男得乾初爻	中男得乾中爻	少男得乾上爻	長女得坤初爻	中女得坤中爻	少女得坤上爻

文王八卦方位一名後天卦

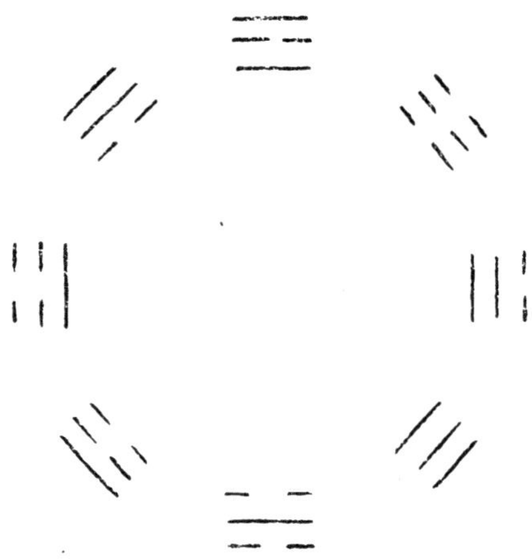

八卦象例

乾三連 坤六斷 震仰盂 坎中滿

艮覆盂 巽下斷 離中虛 兌上缺

後天八卦

所屬略舉

八卦	方位	數色	二十四山向	性情	五行	親屬	身體
坎	北	一白	壬子癸	流動	水	中男	耳腎
坤	西南	二黑	未坤申	陰柔	土	老母	腹胃
震	東	三碧	甲卯乙	剛直	木	長男	足肝
巽	東南	四綠	辰巽巳	諂曲	木	長女	股呼吸
乾	西北	六白	戌乾亥	剛正	金	老父	頭部
兌	西	七赤	庚酉辛	陰險	金	少女	口舌
艮	東北	八白	丑艮寅	孝順	土	少男	手背
離	南	九紫	丙午丁	燥急	火	中女	目光明
中	中宮	五黃	戊·己	亦柔亦剛	土	飛八方	名廉貞火主疫病

五行次序

水 火 木 金 土

五行生剋

金生水 水生木 木生
火 火生土 土生金
金剋木 木剋土 土剋
水 水剋火 火剋金

三般卦 順逆隔三

一四七 順三 一(二三)四，四(五六)七，七(八九)一，隔三相逢。

二五八 順三 二(三四)五，五(六七)八，八(九一)二，隔三相逢。

三六九 順三 三(四五)六，六(七八)九，九(一二)三，隔三相逢。

一二三四五六七八九

一二三四五六七八九

一二三四五六七八九

一四七為上中下元之首領

二五八為上中下元之中堅

三六九為上中下元之後勁

逆三 一(九八)七，七(六五)四，四(三二)一，亦隔三相逢。

逆三 二(一九)八，八(七六)五，五(四三)二，亦隔三相逢。

逆三 三(二一)九，九(八七)六，六(五四)三，亦隔三相逢。

一，三，七，九運無。

二，五，八，每運四個共十二個。

艮山坤向，寅山申向，坤山艮向，申山寅向，

四，六，每運兩個，共四個。

丑山未向，未山丑向，

二，四，五，六，八，運中共十六個。

三般卦宜倒騎龍「即坐空朝滿」如不倒騎，即犯上山下水，有損丁退財之患。

舉例

坐水

二運 坤申山艮寅向

一 七四	六 三九	八 五二
九 六三	二 八五	四 一七
五 二八	七 四一	三 九六

對山

向星二到後方水上，發祿。

山星二到前方山上，發丁。

若不如此配置，犯了上山下水，即招大不利。

坐後高山

二運 坤申山艮寅向

一 七四	六 三九	八 五二
九 六三	二 八五	四 一七
五 二八	七 四一	三 九六

向水

向星二到後方山上，犯上山，退財。

山星二到前方水上，犯下水，損丁。

按凡陰陽二宅得三般卦者，眷屬和睦，子孫孝順，夥伴同心，社會讚歎。

九宮合十

一運九運中，並無到山到向之局，立向最難。但一九運巽山乾向，巳山亥向，乾山巽向，亥山巳向，全局合十，可補無到山到向之缺憾。

舉例 一運 乾山巽向

九 一一	五 六五	七 八三
八 九二	一 二九	三 四七
四 五六	六 七四	二 三八

向星與運星合十

九運 乾山巽向

八 二七	四 六三	六 四五
七 三六	九 一八	二 八一
三 七二	五 五四	一 九九

山星與運星合十

三元九運中全局合十共二十四局

一九運乾巽巳亥　二八運丑未

三七運子午癸丁　四六運庚甲

城門訣

凡陰陽二宅向之左右二角『卽向首一星之左右一卦也』有照水者，可用城門訣。如一運子山午向，巽方或坤方有水，卽能適用城門訣。如巽方有水，巽方之運盤飛星爲九，卽將九入中。九爲午，陰，逆行，一白到巽方水上。在一運內，亦可發祿也。

水	↑	
九 五六 一	五 一一 五	七 三八 三
八 四七 二	一 六五 ○• 九 •	三 八三 七
四 九二 六	六 二九 四	二 七四 八

又如二運子山午向，坤方有水。坤方之運盤飛星爲八白。卽以八入中。八爲艮，陽，順行，五黃到水面，反不吉矣。總之城門一訣，無非將當運之星，『用陰逆行卽得』排到向首旁一卦之水上耳。

	↑	水
一 八五 七	六 三一 三	八 一三 五
九 九四 六	二 七六 •○ 八 ○	四 五八 一
五 四九 二	七 二二 四	三 六七 九

立向要旨

歌——水聚前方向用逆。水聚後方向用順。

訣——左右二角如得水。借用陰數立制勝。

按第一句爲向空局。第二句爲坐空局。第三第四句爲城門訣。

三 三	八 七	一 五
二 四	四 二•	六 九
七 八	九 六	五 一

水 ←

水在宅之前方，則向上飛星入中，應逆行。如四運之庚山甲向，則四運當旺之令星，卽飛到向首水上矣。

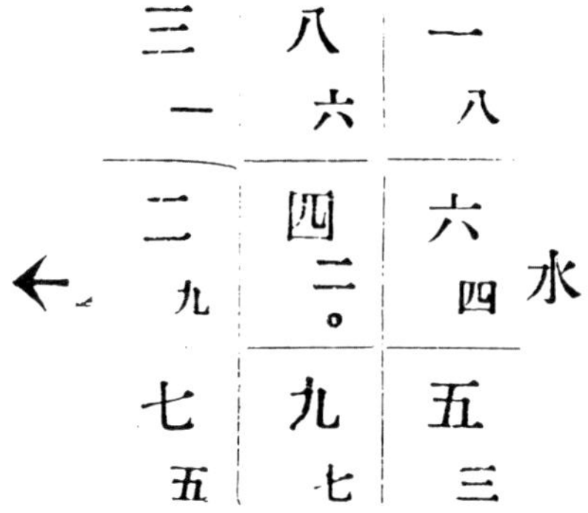

水如在宅之後方，則向上飛星入中，應用陽順行。如四運之酉山卯向，二爲坤陽順行，而令星四綠飛到後方水上矣。

水如在宅之左角或右角，則將左角或右角上之運盤飛星入中，用陰逆行，如四運酉山卯向，水在巽方，則將巽方運盤飛星三碧入中，三爲卯陰逆行，而令星又飛到水上矣。

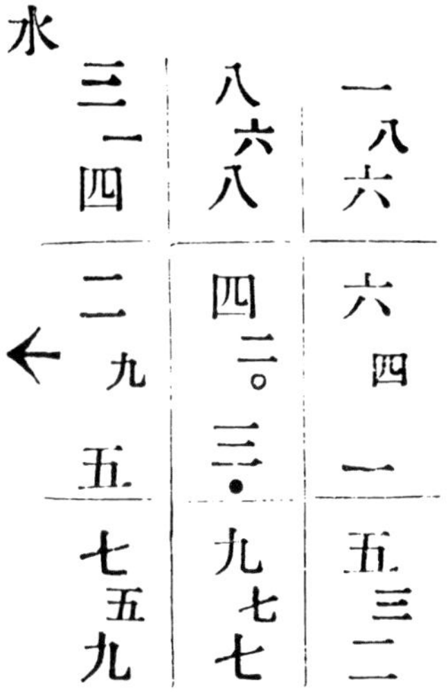

總之山水無知，用之得當則吉，失常則凶，全視吾人之能否應用耳。

泰和局

洛書九星，有吉有凶。故除極少難得之佳地，能三元不敗外，在普通城市鄉村中，欲求一三元九運內，能運運發展之吉宅，實不易多得。但坐南向北之宅，加布置合法，較其他山向為悠久。每隔一運或二運，將房屋稍稍翻動刷新，便能取消舊宅命。更換新宅命。可得生旺二氣，有三四十年之幸運。但須宅之前方後方，或見照水，或有通路，方許收效。總之使向首生旺二星有動機，斯為得策。除前後門外，更在三四吉方位，設有門戶為尤佳。古人云，智兔有三穴。平安之宅，亦須備三四門，以便趨避。欲子孫興旺，則須借助灶位，灶宜設在山星生旺之方。

先天之乾，位於後天之離，先天之坤，位於後天之坎，坐南向北之宅，得先天䷊地天泰卦，故稱泰和局。

舉例　某宅丙山壬向，或午山子向，丁山癸向，惟乘數不得超過三度。後方有池水，前方有凹空，此宅如運運翻動，運運可發。謂予不信，可將該宅每運宅命分別演算，便可了了。

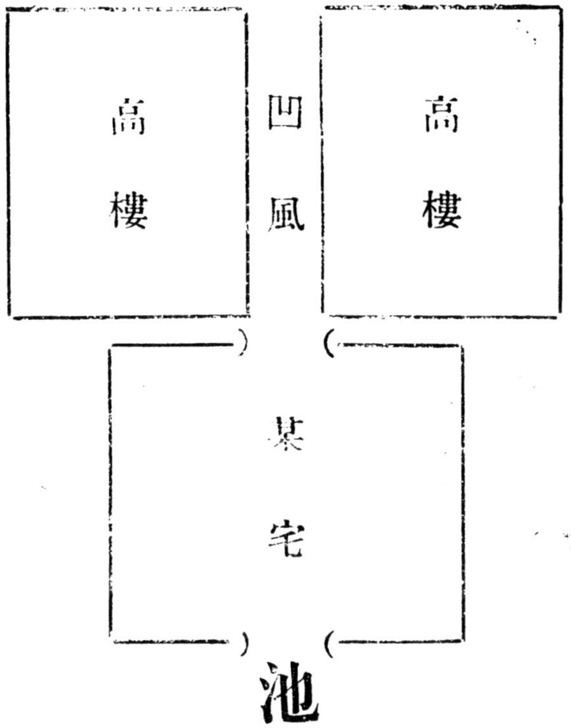

一運丙山壬向

九 / 四七	五 / 九二	七 / 二九
八 / 三八	一 / 五六	三 / 七四
四 / 八三	六 / 一一	二 / 六五

一運丁午山癸子向

九 / 六五	五 / 一一	七 / 八三
八 / 七四	一 / 五六	三 / 三八
四 / 二九	六 / 九二	二 / 四七

二運丙山壬向

一 / 七六	六 / 二二	八 / 九四
九 / 八五	二 / 六七	四 / 四九
五 / 三一	七 / 一三	三 / 五八

二運丁午山癸子向

一 / 五八	六 / 一三	八 / 三一
九 / 四九	二 / 六七	四 / 八五
五 / 九四	七 / 二二	三 / 七六

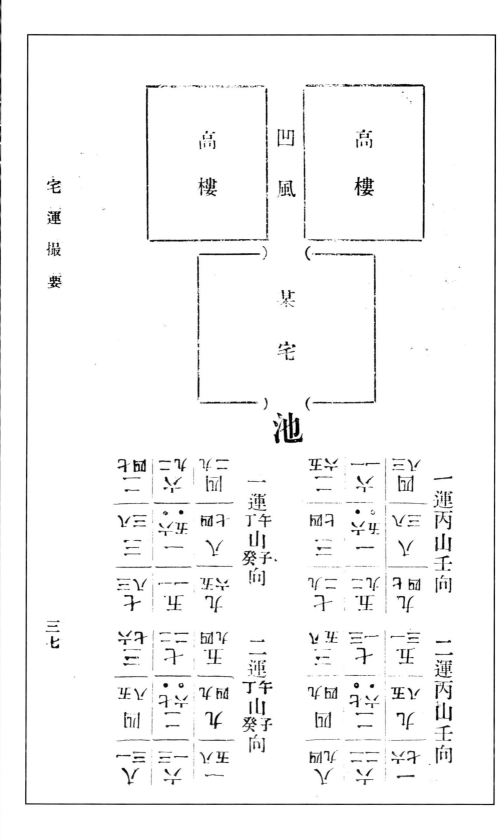

反復吟

凡山向飛星逢五入中。(如一運壬山丙向子山午向。)順行則犯復吟。如乾宮六白到，兌宮七赤到。逆行爲反吟，如乾宮遇對宮之四綠到，兌宮遇對宮之三碧到。陰陽二宅犯反復吟者，主骨肉不同心，主僕不和洽，遺患不淺，不可不愼。

反吟

(四)六	(九)一	(二)八
(三)七	(五)五•	(七)三
(八)二	(一)九	(六)四

復吟

(四)四	(九)九	(二)二
(三)三	(五)五。	(七)七
(八)八	(一)一	(六)六

有(　)之符號者爲地盤，(爲洛書中央本位五土飛布之一盤。卽元旦盤。非五運入中之五。)如五入中逆行，飛星字字與地盤相反，卽飛星與地盤合十(如一運子山午向，午向五已土入中，逆布者是。)

一運壬山丙向，飛星五入中，順行，字字與地盤相同。是爲復吟，(如上圖。)

令星入囚

令星入中，謂之入囚。（令星卽每運當旺之星。）陰陽二宅逢囚卽敗。如在三運初造宅。立辰山戌向兼巽乾二度。三運令星三碧到山到向。但一交四運，令星四綠已入囚中宮，八方向星無四綠可得。到四運卽敗，該山向宅僅二十年之運，二十年一過，衰敗不堪，或至無人撐持門庭矣。

宅　命

二 三五	七 七九	九 五七
一 四六	三 二四	五 九二
六 八一	八 六八	四 一三

又如四運立甲山庚向兼卯酉三度。四運內令星四綠到山到向。但一交六運，令星六白入中，爲入囚。故一交六運卽敗。自四運初至五運底凡四十年，此宅得四十年氣候，較辰山戌向多二十年壽命。其他如未山丑向，坤山艮向，有六十年氣候。壬山丙向，子山午向，得八十年氣候。而戌山辰向

宅　命

三 三七	八 七二	一 五九
二 四八	四 二六	六 九四
七 八三	九 六一	五 一五

，乾山巽向，則有一百十年氣候。

惟五黃入中之局，遇五運則不囚。蓋五至尊也，皇極也。何囚之有。又令星後繼，在生氣之位有水者，亦囚不住。

宅命

一宅之山向度數，分晰清楚以後。再叩其建築年份，然後可以定運起星，別陰陽，分順逆，而得其宅命。宅命既定，即以之衡量各部份門路動機之合否。如欲判各間位之得失，第一須知此宅山向為何度，第二須知此宅建築年份或入宅居住年份為何運，在民國十三年至民國三十二年。此二十年內所建之新屋，或在此時期翻修，與遷入之舊宅，均以中元四運立命，餘例推。

例如某宅坐子向午兼癸丁二度，民國十三年甲子中元四運建造，即以四運之四綠入中，依照三角光線軌道，順佈如下。

三	八	一
二	四	六
七	九	五

此為元機。亦名運星。

四運子山午向兼癸丁二度

宅命

三 向七 山一	八 向三 山五	一 向五 山三
二 向六 山二	四 向八。山九•	六 向一 山七
七 向二 山六	九 向四 山四	五 向九 山八

先查三元九運天根分陰分陽圖，（按此圖之裏一圈爲地盤，與羅經上相同，運運不變。外一圈爲運盤，每運依照三角光線順佈，故運運變換不同。）如四運之子山午向，卽查四運之三元九運天根分陰分陽圖內，裏圈子字下之外一圈屬何字，屬何陰陽，卽以此字及其所屬陰陽，入中飛佈，四運子字下爲九午•此九•卽屬山星。向上午字之下一字爲八艮。卽以八。入中。此八陽爲向星。陽者依照三角光線軌道順行，陰者依照三角光線軌道逆行。山星九爲陰，逆行•則八乾，七兌，六艮，五離，四坎，三坤，二震，一巽，均爲山星，向星八爲陽，順行，則九乾，一兌，二艮，三離，四坎，五坤，六震，七巽，均爲向星。而宅命成矣。山星主人丁，靜者高者，如山峯高樓寶塔高墩及灶位等屬之。向星主財祿，動者低者，若風若水，若門若路，均屬動機，一切吉凶由此衡量之。其次須知當

運者旺，失運者退，當旺爲令星，如一運一白當旺，一白爲令星。二運二黑當旺，二黑爲令星。餘查三元九運九星得失表自知。又凡屬令星，均應處置得地，如四運之山星四綠方，應有高樓山峯等，方能旺丁。向星四綠方，應有門路池水等，方能旺財。否則雖旺山旺向，而山水不得地，卽有損丁退財之憂也。

口子

語云，病從口入，禍從口出。口之關係人類之健康與禍福有如是。宅之入口處，亦名口子。猶人之有口，賴以生活者也。口子所在之方，得吉星則見歡喜事。得凶星則見煩惱苦痛事。易云，吉凶悔吝生乎動，若有口子，或不動，或少動。則禍福亦因之減輕。故若宅子內某門凶，則封閉之，使其不動。某門吉，則多多行動，使其力量增加。先哲謂，要知息刑弭盜。何須局外搜求。欲識愈病延年，全在星中討論，九星之力，誠大矣哉。最重要之一語。

以各個所在地爲活動之中宮•切須牢記。而口子即操其生死命之所在。查十七頁至廿五頁。逐元逐年月天星圖。衡量得失。分別判决之。衡量得失之法。查十六頁下方。熟習既久者。自不必如此麻煩也。

一物一太極

有中宮，然後有八方，中宮無固定地位，八方隨各宅及各部份所在地而變。八方以各個所在地爲中宮，中宮一立，八方隨之而判。八方既由所在地而分，故所在地卽爲活動之中宮。既以各人之所在地爲中宮，各人之八方，亦因之而差異•故一宅之內，有此啼而彼笑，此苦而彼樂，此病而彼健之差異，皆因各人之所在地不同，而所得之境界亦各異。各人所在地既不同，則由所在地分出八方主客星間發生之關係亦不同，因之所得之禍福亦不一。先哲謂一物各有一太極，此義可作八方由各人所在地而假立之註解。

保險間

人間萬事，一切無常，洛書九星亦然。有吉者，有凶者，有見吉助吉，見凶助凶者。循環不息，有一年變換吉凶者，有一月變換吉凶者，甚至一日一時，吉凶亦時時變化。吾人旣識得隨時變化之情狀，趨吉避凶，亦可以隨手拈來，爲有德之家，施行救濟。

盈天地間多病夫，偏一切處多凶宅。宅本無病，病在宅命飛布八際之口子上，動路上，失卻時宜而致禍。或宅命中之主星本不差，乃無端而至之年月客星，或年月聯星，盜洩主星元氣，驟然發生凶險。但如能演算年月天星者，避其凶方，趨其吉位，則疾病不藥自愈，禍患可以立卽消釋。此選用臨時保險間之一方法，有大効用在。

舉例，民國二十四年乙亥流年，某宅坐丙向壬，上三元運入宅，單間三進，前後都有門路，主人住後進，二月春分後，已曾遇盜。請識玄機者查看，知五月十一月尚有事，主人求爲營救。知機者云，屆時閉卻北方門路，主人遷住宅之北首，改用南方後門出入，自然平安無事矣。

河洛生剋吉凶斷　「摘錄增廣沈氏玄空學」

河圖　一六水，生旺，則爲文秀，爲榜首，爲材藝聰明。剋煞，則爲淫佚，爲寡婦，爲溺水，爲漂蕩，爲流血，爲流寇。　二七火，生旺，則爲不義財，爲多女。剋煞，則爲吐血，爲墮胎，難產，爲夭亡橫禍。　三八木，生旺，則爲文才，爲元魁，爲多男。剋煞，則爲少亡，爲自縊，爲絕嗣。　四九金，生旺，則爲巨富，爲好義，爲多男。剋煞，則爲刀兵，爲孤伶，爲自縊。　五十土，生旺，爲驟發，爲多子孫。剋煞，則爲瘟癀，爲孤孀，爲喪亡。　一六生震巽，旺坎，剋離，煞午。　二七生艮坤，旺離，剋乾兌，煞乾。　三八生離，旺震巽，剋坤艮，煞坤，餘例推。

洛書　一白坎水，爲中男，爲魁星，生旺，爲爲少年科甲。名播四海。多生聰明智慧男子。剋煞，刑妻，瞎眼，流血，夭亡，飄蕩，盜魁。　二黑坤土，爲老母，生旺，發田產，旺人丁，不產文士，止應武貴。妻奪夫權，陰謀鄙吝。剋煞，則爲寡婦，產難，老苦，腹疾，惡瘡。　三碧震木，爲長男。生旺，則財祿豐盈，興家立業，剛正，成名，長房大旺。剋煞，則哮喘，瘋魔，流爲匪類，殘疾，刑妻，是非官訟。　四綠巽木，爲長女，爲文昌。生旺，則文章名世，科甲聯芳，女子才華出衆。學者主持風化，羣衆傾心。剋煞，則瘋狂，哮喘，自縊，婦女淫亂，男子酒色，破產傾家，漂流絕域。　五黃土爲戊己大煞，不論生剋俱凶，宜靜不宜動。年神並臨，即損人丁。輕則疾病纏綿，重則死亡疊見。至五數止。季子昏迷癡獃，孟仲官訟淫亂。　六白乾金爲老父，生旺，則威權震世，武職勳貴，巨富多丁。剋煞，則刑妻孤獨，寡母守家。　七赤兌金，爲少女。生旺，則發祿旺丁，武途通顯，小房發福。剋煞，則離鄉，投軍，或爲流寇，橫死他鄉，身坐囹圄，口舌官非，損丁破財，乃至遭遇火災。　八白艮土，爲少男。生旺，則孝義忠良，富貴綿遠，小房福大。剋煞，則小口損殤，瘟瘽，膨脹。　九紫離火，爲中女。生旺，則文章科第，驟至榮顯。中房受蔭，易廢易興。剋煞，則吐血，瘋癲，目疾，產死，回祿，官災。

紫白斷驗摘要

『摘錄陽宅集成中紫白祕訣』

四一同宮，準發科名之顯。九七冲射，常招回祿之災。二五交加，不死亡也患重病。三七疊至，被刦盜更見官非。

九七爲後天火，二七爲先天火，到冲動尖斜處，難免火災。

五黃正煞，不拘到向臨方，常損人口。二黑病符，無論流年月建，疾病叢生。五主孕婦受災，黃遇黑時出寡婦。二主宅母多厄，黑逢黃至出鰥夫。三碧爲蚩尤，好勇鬥狠。七赤名破軍，與災作禍。七逢六名交劍，交劍煞臨防刦掠。三遇二爲鬥牛，鬥牛煞動惹官非。七逢三到生財，那知露財招盜。三遇七臨生病，豈料病愈遭官。

六白號武曲，八白稱左輔。六八主武科發迹，否則異路成名。 八六主文士參軍，或者他途擢用。

九紫雖爲天喜，然六會九而長房血症，七九同至尤凶。四綠固號文昌，然八會四而小口殞生，三八疊加更惡。

八逢九紫，婚喜重來。六遇八輔，尊榮疊至。二黑飛乾逢八白而財源大進，遇九紫則瓜瓞緜緜。三碧臨庚逢一白而丁口頻添，交二黑則倉箱濟濟。

宅運撮要全一册

中華民國二十四年初版二千册在廈門印行贈送各界

中華民國二十九年再版二千册在上海印行定價每册壹元二角本書除印資外餘利悉充鎮海通德慈兒院開辦經費

著述者　策羣

編輯者　慧遠

印行者　宅運顧問社

經售處
通訊處　上海南京路六八五號英華街西首　三樂農產社

心一堂術數古籍珍本叢刊　第一輯書目

占筮類			
1	擲地金聲搜精秘訣	心一堂編	沈氏研易樓藏稀見易占秘鈔本
2	卜易拆字秘傳百日通	心一堂編	
3	易占陽宅六十四卦秘斷	心一堂編	火珠林占陽宅風水秘鈔本
星命類			
4	斗數宣微	【民國】王裁珊	民初最重要斗數著述之一；未刪改本
5	斗數觀測錄	【民國】王裁珊	失傳民初斗數重要著作
6	《地星會源》《斗數綱要》合刊	心一堂編	失傳的第三種飛星斗數
7	《斗數秘鈔》《紫微斗數之捷徑》合刊	心一堂編	珍稀「紫微斗數」舊鈔秘本
8	斗數演例	心一堂編	
9	紫微斗數全書（清初刻原本）	題【宋】陳希夷	斗數全書本來面目；有別於錯誤極多的坊本
10－12	鐵板神數（清刻足本）——附秘鈔密碼表	題【宋】邵雍	無錯漏原版秘鈔密碼表　首次公開！
13－15	蠢子數纏度	題【宋】邵雍	蠢子數連密碼表打破數百年秘傳　首次公開！
16－19	皇極數	題【宋】邵雍	清鈔孤本附起例及完整密碼表研究神數必讀！
20－21	邵夫子先天神數	題【宋】邵雍	附手鈔密碼表研究神數必讀！
22	八刻分經定數（密碼表）	題【宋】邵雍	皇極數另一版本；附手鈔密碼表
23	新命理探原	【民國】袁樹珊	子平命理必讀教科書！
24－25	袁氏命譜	【民國】袁樹珊	
26	韋氏命學講義	【民國】韋千里	民初二大命理家南袁北韋
27	千里命稿	【民國】韋千里	
28	精選命理約言	【民國】韋千里	北韋之命理經典
29	滴天髓闡微——附李雨田命理初學捷徑	【民國】袁樹珊、李雨田	命理經典未刪改足本
30	段氏白話命學綱要	【民國】段方	民初命理經典最淺白易懂
31	命理用神精華	【民國】王心田	學命理者之寶鏡

32	命學探驪集	【民國】張巢雲	稀見民初子平命理著作 發前人所未發
33	澹園命談	【民國】高澹園	
34	算命一讀通——鴻福齊天	【民國】不空居士、覺先居士合纂	
35	子平玄理	【民國】施惕君	
36	星命風水秘傳百日通	心一堂編	
37	命理大四字金前定	題【晉】鬼谷子王詡	源自元代算命術
38	命理斷語義理源深	心一堂編	稀見清代批命斷語及活套
39－40	文武星案	【明】陸位	失傳四百年《張果星宗》姊妹篇 千多星盤命例　研究命學必備
相術類			
41	新相人學講義	【民國】楊叔和	失傳民初白話文相術書
42	手相學淺說	【民國】黃龍	民初中西結合手相學經典
43	大清相法	心一堂編	重現失傳經典相書
44	相法易知	心一堂編	
45	相法秘傳百日通	心一堂編	
堪輿類			
46	靈城精義箋	【清】沈竹礽	沈氏玄空遺珍 玄空風水必讀
47	地理辨正抉要	【清】沈竹礽	
48	《玄空古義四種通釋》《地理疑義答問》合刊	沈瓞民	
49	《沈氏玄空吹虀室雜存》《玄空捷訣》合刊	【民國】申聽禪	
50	漢鏡齋堪輿小識	【民國】查國珍、沈瓞民	失傳已久的無常派玄空經典
51	堪輿一覽	【清】孫竹田	
52	章仲山挨星秘訣（修定版）	【清】章仲山	章仲山無常派玄空珍秘 門內秘本首次公開 沈竹礽等大師尋覓一生末得之珍本！
53	臨穴指南	【清】章仲山	
54	章仲山宅案附無常派玄空秘要	心一堂編	
55	地理辨正補	【清】朱小鶴	玄空六派蘇州派代表作
56	陽宅覺元氏新書	【清】元祝垚	簡易・有效・神驗之玄空陽宅法
57	地學鐵骨秘　附　吳師青藏命理大易數	【民國】吳師青	釋玄空廣東派地學之秘
58－61	四秘全書十二種（清刻原本）	【清】尹一勺	玄空湘楚派經典本來面目 有別於錯誤極多的坊本

編號	書名	作者	備註
62	地理辨正補註　附　元空秘旨　天元五歌　玄空精髓　心法秘訣等數種合刊	【民國】胡仲言	貫通易理、巒頭、三元、三合、天星、中醫
63	地理辨正自解	【清】李思白	公開玄空家「分率尺、工部尺、量天尺」之秘
64	許氏地理辨正釋義	【民國】許錦灝	民國易學名家黃元炳力薦
65	地理辨正天玉經內傳要訣圖解	【清】程懷榮	秘訣一語道破，圖文并茂
66	謝氏地理書	【民國】謝復	玄空體用兼備、深入淺出
67	論山水元運易理斷驗、三元氣運說附紫白訣等五種合刊	【宋】吳景鸞等	失傳古本《玄空秘旨》《紫白訣》
68	星卦奧義圖訣	【清】施安仁	三元玄空門內秘笈　清鈔孤本 過去均為必須守秘不能公開秘密 與今天流行飛星法不同
69	三元地學秘傳	【清】何文源	
70	三元玄空挨星四十八局圖說	心一堂編	
71	三元挨星秘訣仙傳	心一堂編	
72	三元地理正傳	心一堂編	
73	三元天心正運	心一堂編	
74	元空紫白陽宅秘旨	心一堂編	
75	玄空挨星秘圖　附　堪輿指迷	心一堂編	
76	姚氏地理辨正圖說　附　地理九星并挨星真訣全圖　秘傳河圖精義等數種合刊	【清】姚文田等	蓮池心法　玄空六法 門內秘鈔本首次公開
77	元空法鑑批點本——附　法鑑口授訣要、秘傳玄空三鑑奧義匯鈔　合刊	【清】曾懷玉等	
78	元空法鑑心法	【清】曾懷玉等	
79	曾懷玉增批蔣徒傳天玉經補註【新修訂版原（彩）色本】	【清】項木林、曾懷玉	
80	地理學新義	【民國】俞仁宇撰	揭開連城派風水之秘
81	地理辨正揭隱（足本）　附連城派秘鈔口訣	【民國】王邈達	
82	趙連城傳地理秘訣附雪庵和尚字字金	【明】趙連城	
83	趙連城秘傳楊公地理真訣	【明】趙連城	
84	地理法門全書	仗溪子、芝罘子	巒頭風水，內容簡核、深入淺出
85	地理方外別傳	【清】熙齋上人	巒頭形勢、「望氣」「鑑神」
86	地理輯要	【清】余鵬	集地理經典之精要
87	地理秘珍	【清】錫九氏	巒頭、三合天星，圖文並茂
88	《羅經舉要》附《附三合天機秘訣》	【清】賈長吉	清鈔孤本羅經、三合訣法圖解
89-90	嚴陵張九儀增釋地理琢玉斧巒	【清】張九儀	清初三合風水名家張九儀經典清刻原本！

91	地學形勢摘要	心一堂編	形家秘鈔珍本
92	《平洋地理入門》《巒頭圖解》合刊	【清】盧崇台	平洋水法、形家秘本
93	《鑒水極玄經》《秘授水法》合刊	【唐】司馬頭陀、【清】鮑湘襟	千古之秘，不可妄傳匪人
94	平洋地理闡秘	心一堂編	雲間三元平洋形法秘鈔珍本
95	地經圖說	【清】余九皋	形勢理氣、精繪圖文
96	司馬頭陀地鉗	【唐】司馬頭陀	流傳極稀《地鉗》
97	欽天監地理醒世切要辨論	【清】欽天監	公開清代皇室御用風水真本
三式類			
98－99	大六壬尋源二種	【清】張純照	六壬入門、占課指南
100	六壬教科六壬鑰	【民國】蔣問天	由淺入深，首尾悉備
101	壬課總訣	心一堂編	過去術家不外傳的珍稀六壬術秘鈔本
102	六壬秘斷	心一堂編	
103	大六壬類闡	心一堂編	
104	六壬秘笈——韋千里占卜講義	【民國】韋千里	六壬入門必備
105	壬學述古	【民國】曹仁麟	依法占之，「無不神驗」
106	奇門揭要	心一堂編	集「法奇門」、「術奇門」精要
107	奇門行軍要略	【清】劉文瀾	條理清晰、簡明易用
108	奇門大宗直旨	劉毗	天下孤本　首次公開　虛白廬藏本《秘藏遁甲天機》
109	奇門三奇干支神應	馮繼明	
110	奇門仙機	題【漢】張子房	奇門不傳之秘　應驗如神
111	奇門心法秘纂	題【漢】韓信（淮陰侯）	
112	奇門廬中闡秘	題【三國】諸葛武侯註	
選擇類			
113－114	儀度六壬選日要訣	【清】張九儀	清初三合風水名家張九儀擇日秘傳
115	天元選擇辨正	【清】一園主人	釋蔣大鴻天元選擇法
其他類			
116	述卜筮星相學	【民國】袁樹珊	民初二大命理家南袁北韋
117－120	中國歷代卜人傳	【民國】袁樹珊	南袁之術數經典